선화 상인이 들려주는
수행 이야기

부처님 말씀 그대로 행하니

선화 상인 강설
각산 정원규 편역

불광출판사

제자들과 함께 있는 선화 상인

세계를 위기에서 구하자

현재 우리가 처한 세계적 위기를 구하는 큰 문제에 관하여 연구해 봅시다. 하지만 모든 문제는 선악인과(善惡因果)의 네 글자를 벗어나지 않습니다. 착한 자는 승리하고 악한 자는 실패하는 것이 인과의 법칙이며, 이른바 "오이를 심으면 오이가 나고, 콩을 심으면 콩이 난다."라는 도리입니다. 이러한 까닭으로 세계는 멸망하지 않습니다. 만약 착한 자가 실패하고 악한 자가 승리한다면, 하늘의 도리[天理]는 존재하지 않을 것입니다. 천리(天理)가 존재하지 않으면 세계는 마땅히 멸망하여 종말에 이르게 될 것입니다.

어떻게 하면 세계는 멸망하지 않을까요? 바로 사람의 마음을 착하게 바꾸는 것입니다. 사람의 마음이 선(善)으로 향하면 광명은 곧 세계를 두루 비추게 될 것입니다. 광명은 바로 지혜입니다. 지혜가 있는 사람은 정의감이 있으며, 행하는 것이 광명정대하고 사심이 없을 것입니다. 모든 것을 전 인류를 위하여 생각하며, 민족과 국가를 구분하지 않을 것이며, 천하가 한 집을 이루는 대동(大同)의 세계가 될 것입니다.

지금의 사람 마음은 순수하지 못하여 자신의 사리사욕을 위하여 많은 사람의 행복을 희생시킵니다. 따라서 이 세계는 나날이 어두워지고, 어리석어지며, 위험해져서 이미 멸망의 가장자리에 다다라 위기일발의 시기에 처해 있습니다. 만약 구제할 방법을 찾지 못하면 단지 함께 멸망의 길로 갈 수밖에 없으며, 이 세계에서 살아남을 요행은 없을 것입니다.

그러면 어떻게 세계를 구해야 할까요? 이른바 "모든 악은 짓지 말고, 여러 선행을 받들어 행하는[諸惡莫作 衆善奉行]" 것입니다. 사람마다 선(善)으로 향하고 악(惡)을 멀리하는 것입니다. 위로는 대통령에서부터 아래로는 백성에 이르기까지 지혜의 광명을 비춰 어리석음의 어두움을 없앤다면, 곧 세계의 어두운 면을 밝은 면으로 바꾸어 전쟁을 평화로 변화시키게 될 것입니다.

지금 우리는 아주 긴 밤중에 취생몽사(醉生夢死)하는 생활을 살고 있습니다. 어두운 긴 밤이기 때문에 광명이 필요합니다. 사람이 어두움 가운데 있으면 우울하고 걱정하는 마음이 생기며, 광명 속에 있으면 환희심이 생기게 됩니다. 어두움과 광명은 단지 선악의 사람 마음에 있으며, 세계를 멸망시키고 세계를 창조하는 것도 사람의 마음에 달려 있습니다. 불법(佛法)을 배우는 우리는 망심(妄心)을 제거하고 진심(眞心)을 간직해야 합니다. 따라서 불법은 사람을 제도하고 세상을 구제하는 귀중한 뗏목이며, 사람의 마음을 개선하는 보배로운 거울입니다.

세상의 일은 이익이 있으면 반드시 폐단도 생기기 마련입니다. 예를 들면 텔레비전을 보면 국가의 큰일이나 국제정세를 알 수 있는 것은 좋은 면이지만, 나쁜 면도 있습니다. 어린이가 텔레비전을 보면 종종 좋지 않은 영향을 받게 되어 속이는 행위를 배우거나 천리(天理)를 해치는 일을 저지르기도 합니다. 그리하여 가정이 불행하게 되거나 사회의 안녕을 해치기도 합니다. 착한 소년이 불량소년으로 변하여 도처에서 시비를 일으킵니다. 그러면 장래 세계가 어찌 태평스럽게 될 수 있겠습니까? 이것이 텔레비전의 나쁜 면이라 할 수 있습니다.

지금의 세계는 이미 나쁜 기운이 충만한 시기에 이르렀는데, 그럼 우리는 어떻게 해야 할까요? 우리는 인류의 한 구성원으로서 먼저 자기 자신이 몸으로 실천해야 하며, 자기의 습기(習氣)와 결점을 제거하고, 탐하는 마음, 성내는 마음, 어리석은 마음을 청정하게 하여 몸소 모범을 보여 다른 사람을 감화시켜야 할 것입니다. 먼저 자기의 행위와 생각을 바르게 한 연후에 남들을 선(善)으로 향하게 하여야 비로소 효과적인 작용을 일으킬 것이며, 그렇지 않으면 공허한 담론에 그쳐서 아무런 도움도 되지 못할 것입니다.

무릇 천하를 구제하는 것을 자기 자신의 임무로 삼는 사람은 모두 세상의 모든 사람을 불쌍하게 여기는 마음을 가져야 할 것입니다. 마치 석가모니 부처님께서 이전에 수행을 하실 때 그렇게 많은 괴로움을 감수하신 것과 같이 하여야 합니다. 무엇 때문입니까? 중생에게 영향을 끼쳐서 중생이 법에 따라 수행하여야, 비로소 괴로움에서 벗어나 즐거움을 얻기 때문입니다. 나는 항상 말합니다. "괴로움을 감수하는 것은 괴로움을 그치게 하는 것이며, 복을 누리는 것은 복을 소멸하는 것이다[受苦是了苦 享福是消福]."라고. 여러분 모두 이 말을 좌우명으로 삼아도 무방할 것입니다.

선화(宣化) 상인(上人)

차례

서문

1 — 수행의 바른 길

부록

1

수행의 바른 길

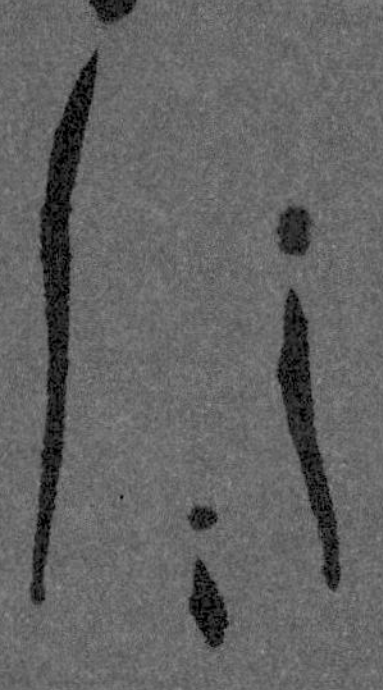

수행을 빨리 이루려고 탐하지 말라

수행은 염불, 송주(誦呪), 교학, 계율, 참선 등 어떤 방편을 닦든지 간에 빨리 구하려고 탐해서는 안 됩니다. 빨리 성취하려는 것은 일종의 탐심입니다. 탐하는 마음이 있으면 지혜의 영감과 자성의 광명을 장애하게 됩니다.

자성의 광명은 탐하는 마음이 없으며, 지혜의 영감도 탐하는 마음이 없습니다. 탐하는 마음은 마치 거울에 붙은 먼지와 같습니다. 따라서 이 점을 수행자는 절대로 명심하여 많이 행하는 것을 탐하지 말고, 쉽게 행하는 것을 탐하지 않아야 합니다.

탐심이 없으면 놓을 수 있으며[放下] 해탈 자재함을 얻을 수 있습니다. 자재함을 얻으면 비로소 큰 지혜를 열 수 있으며, 원만한 지혜를 열 수 있습니다. 여러분 각자는 이런 점을 깊이 이해해야 합니다.

"빨리 이루려고 하지 마라. 빨리 이루려고 하면 이르지 못한다."

이것은 마치 당신이 뉴욕에 가려고 생각하면서 비행기나 기차를 타지 않고 단지 두 발로 걸어가려고 하는 것과 같은데, 비행기나 자동차와 시합하면 어느 것이 빨리 도달하겠습니까? 당신이 아무리 힘들게 가도 목적지에 도달하기 어려울 것입니다.

수행은 자연스럽게 정진하여야 합니다. 무슨 효과나 결과가 나타나기를 탐하지 말고, 아무것도 생각하지 않고 오직 앞으로 향하여 힘써 나가며, 아울러 매일 자기의 허물을 고쳐나가야 할 것입니다. 우리 수행자들은 지장보살을 염하면 자기에게 어떤 좋은 점이 있는지를 생각하지 말고, 마땅히 전 세계를 위하여 보살의 명호를 염할 것이며, 전 세계에 재난이 없기를 기원해야 합니다. 따라서 모든 것은 자기를 위해서 생각하지 말아야 합니다.

이 자리에 계신 여러분은 특별히 주의해야 합니다. 수행하는 데 마치 아편을 피우는 사람처럼 끊었다가 다시 중독되어서는 안 될 것입니다. 수행하는 데 탐하는 마음이 없어야 비로소 바른 생각[正念]이 현전(現前)하며, 진정한 수행이 될 것입니다. 따라서 바른 생각이 가장 중요하며, 아무리 값이 싸도 탐하지 말아야 합니다.

오늘 도를 닦아 내일 성불하며, 삽질 한 번으로 파서 우물이 만들어지는 도리는 없습니다. 수행은 "쇠막대기를 갈아서 바늘을 만드는 것과 같으며, 공부는 자연스럽게 이루어집니다[鐵杆磨繡針 功到自然成]."

세상을 밝히는 법

선종의 이 문은 사람의 마음을 바로 가리켜[直指人心] 견성성불(見性成佛)하는 법문이며, 또한 돈교(頓敎)의 가르침입니다. 돈교라는 것은 점교(漸敎)에서 열심히 수행하여 이루는 것입니다. 소위 "이치로는 문득 깨달을 수 있지만, 일에서는 마땅히 점차 닦아야 합니다[理可頓悟 事須漸修]."

우리는 지금 행주좌와의 모든 행위에서 점차 닦아나가야 합니다. 어느 날 하루 진정으로 이해하여 활연히 깨닫는 것이 바로 돈(頓)입니다. 돈(頓: 문득 깨닫는 것)은 점(漸: 점차 닦아 나가는 것)을 떠날 수 없으며, 점수(漸修)는 돈오(頓悟)를 돕는 것입니다.

일반적인 수행자는 자신이 어떤 법을 수행하든지 간에 그 법이 가장 좋으며, 제일이라고 말합니다. 만약 제일이 아니면 그는 그 법을 좋아하지 않으며, 또한 수행하려고 하지 않습니다. 만약 당신이 진정으로 이해하게 되면, 일체의 법은 모두 불법(佛法)이며, 얻을 수 없는 것이며, 집착할 어떤 것도 없다는 것을 알게 됩니다.

참선은 몸과 마음을 잘 조절해야 합니다. 몸을 함부로 움직이지 않고, 마음으로는 망상을 짓지 않고 항상 청정하게 유지하는 것입니다. 마음이 항상 청정하면 온 법계가 모두 자기 성품의 안에 있게 됩니다. 자성(自性)은 포함하지 않는 것이 없고, 용납하지 않는 것이 없으며, 또한 우리가 갖추고 있는 본래의 불성입니다.

우리는 무량겁 이래로 세세생생 삿된 지견에 깊이 미혹되고 오염되어 쉽게 마음을 밝혀 견성(見性)하지 못합니다. 이러한 이유로 참선 법회를 여는 것입니다. 7일간의 참선 정진[打禪七]은 '기한을 정하여 증득함을 취하는[克期取證] 법회'라고 부르는데, 정한 기간 안에 반드시 좋은 점을 얻어야 합니다.

정진함에 있어서 반드시 깨달음을 구해야 합니다. 당신이 진정으로 이해하려고 하면, 먼저 이해하지 못한 점을 배워야 합니다. 선방에서 정진할 때 어떻게 해야 하겠습니까? 위로는 하늘이 있는 것을 모르고, 아래로 땅이 있는 것을 모르고, 중간에 사람이 있는 것을 모를 정도 정진하는 것입니다. 새벽부터 저녁까지 무엇을 하는지도 모를 정도 노력하는 것입니다.

이것을 '크게 쓸모가 없어야 바야흐로 교묘함을 이루고, 배워 어리석어져야 비로소 기이함을 본다[養成大拙方爲巧 學到如愚始見奇].'라고 하는 것입니다. 세상에서 가장 어리석은 사람이 되어야 이때 비로소 교묘함이 나타날 수 있다는 뜻입니다.

이때 하나를 통하면 일체를 통하고, 하나를 요달(了達)하면 일체를 요달하며, 하나를 깨달으면 일체를 깨닫게 됩니다. 모두 통달하고, 모든 것을 이해하며, 철저하게 깨닫게 됩니다. 배우는 것이 무엇인지도 모를 정도로 어리석어져야 이때 기이한 일이 출현합니다.

7일간의 참선 법회는 당신의 그러한 작은 총명, 작은 지혜를 모두 거두어 들여서, 자기가 무엇을 이해하고 무엇을 안다고 생각하지 않게 합니다. 만약 당신이 무엇을 이해한다고 생각한다면, 당신은 바로 불법을 진정으로 이해하지 못하는 사람입니다.

소위 '큰 지혜는 어리석음과 같다[大智若愚].'라고 하듯이 겉으로 보기에는 아무것도 모르는 것 같지만, 마음속으로는 모든 것을 이해하는 것입니다. 이것은 또한 작은 일에는 어리석지만 큰일은 이해하는 것입니다. 이러한 사람이라야 큰 성취를 얻을 수 있습니다. 우리들이 선방에서 사람들이 포행하면 따라 포행하고, 앉으면 따라서 앉으며, 동서남북을 모르게 되는 이때 몸을 돌이킬 수 있으며, 진정으로 이해할 수 있습니다. 무엇을 이해하겠습니까? 바로 자기의 본지풍광(本地風光)을 이해하고, 자기의 본래면목(本來面目)을 깨닫는 것입니다.

선원에서는 수행에 힘을 쓰면서 쓸데없는 말은 적게 말하고 절대로 시간을 낭비하지 말아야 합니다. 어쨌든 깨달음의 기회를 놓치지 말아야 합니다. 깨달음의 기회는 언제 올지 모릅니다. 바꿔 말하자면 좌선할 때나 걸을 때나 달릴 때나 모두가 깨달음을 여는 좋은 기회이니 자칫 잘못하여 놓치지 말아야 할 것입니다.

청나라 옹정(雍正) 황제가 한번은 양주 고민사(高旻寺)에서 수행을 잘 한다고 소문이 난 천혜(天慧) 선사를 북경으로 불러 선에 관하여 담론하면서, 그에게 옥림(玉琳) 국사의 종지가 무엇인지를 물었습니다. 천혜 선사는 대답하지 못하였습니다. 황제는 선사에게 황궁의 선원에 머물면서 7일 안에 반드시 답을 찾아내라고 명하였습니다. 만약 그러지 못하면 목을 베는 참수형에 처하겠다고 하였습니다.

그리하여 천혜 선사는 온 정신을 집중하여 그 답을 찾아내려고 노력하였으나 6일이 지나도 찾아내지 못하였습니다. 마지막 남은 하루 동안 선사는 급한 마음에 선원을 이리 뛰고 저리 뛰면서 참구하다가 머리를 기둥에 부딪치게 되었습니다. 선사의 머리에는 큰 혹이 났지만, 바로 그때 깨달으면서 답을 찾아낸 것입니다.

그래서 선사가 황제를 알현하니, 황제는 선사가 옥림 국사의 종지를 찾아냈으며, 선사도 깨달았다는 것을 이미 알고 있었습니다. 그 후로부터 포향(跑香: 달리면서 하는 참선)이라는 제도가 생긴 것입니다. (편역자 주: 옹정 황제는 왕자 시절 참선에 열심히 정진하여 깨달은 분이다. 황제의 지도로 많은 분이 깨달음을 얻었다고 하며, 천혜 선사를 황궁으로 부른 것도 선사가 깨닫게 하기 위함이다.)

선원에서는 좌선, 행향(行香: 천천히 걸으면서 하는 참선), 포향(跑香: 달리면서 하는 참선)하면서 화두를 참구합니다. 일심으로 자신의 본참화두를 참구하여 일심불난(一心不亂)하며, 하나의 티끌도 오염되지 않을 때가 바로 깨달음이 열리는 때입니다.

좌선의 목적은 깨달음을 얻는 것입니다. 깨달은 후에는 초인(超人)의 지혜를 가지게 됩니다. 그러므로 조사스님들께서 독(毒)으로 독(毒)을 공격하는 법을 연구하여 화두를 참구하게 함으로써 망상을 통제하게 하신 것입니다.

그리고 『삼자경(三字經)』에서 말하는 '귀함은 전일함에 있다[貴以專].'는 구절의 뜻을 알아야 합니다. 어떤 일을 하든지 간에 당신이 전심으로 하면 반드시 성공할 수 있습니다. 우리가 화두를 드는 것도 이와 같습니다. 낮이나 밤이나 오직 화두 하나만 생각하는 것입니다.

바꾸어 말하자면, 깨닫지 못하면 쉬지 않는 것입니다. 문제 하나를 골똘히 생각하는 것은 진리를 깨닫게 하지만, 여러 문제를 생각하는 것은 망상입니다.

우리들이 선원에서 정좌(靜坐)하는 것은 자신에 대한 공덕도 무량하지만, 전 세계의 인류에 대한 공덕도 무량합니다. 어떤 사람이 말하였습니다. "우리의 공덕을 어떻게 전 세계의 인류에게 줄 수 있습니까?"

지금 전 세계는 명리(名利)를 다투기 때문에 살기(殺氣)가 등등하며, 사리사욕을 채우고 남의 것을 빼앗기 위하여 탁한 기운이 가득합니다. 인류는 투쟁이 견고하고 더욱 치열해지며, 나날이 위험해지고 심해지고 있습니다. 만약 세계의 위기를 구제할 방법을 찾지 못하면 언젠가는 지구는 폭발할 것입니다.

지구가 어떻게 폭발하겠습니까? 왜냐하면 현대과학이 매우 빨리 진보하면서 강대국에서는 핵무기, 레이저 등 살상 무기를 연구하여 개발하고 있습니다. 일단 전쟁이 발생하면 이러한 무기들이 지구를 궤멸시킬 것이며, 그때가 되면 진정한 종말이 오게 될 것입니다.

우리들이 선원에서 정진하며 도를 닦는 것은 보이지 않는 가운데 이러한 살기를 소멸시키는 것입니다. 어떻게 소멸시키겠습니까? 공기가 오염되면 많은 독소가 존재하며, 직접적이든 간접적이든 중생의 건강에 영향을 미치며, 중생의 생명을 위협합니다. 여러분 보세요. 지금 괴상한 질병들이 갈수록 많아지고 있으며, 의사들도 속수무책입니다. 왜냐하면 공기가 오염되어 혼탁하며 독기가 충만하기 때문입니다. 우리 수행자는 전자파 치료로 공기를 소독해야 합니다.

무엇이 전자파 치료이겠습니까? 바로 정좌(靜坐)하는 것입니다. 정좌를 하면 지혜의 광명이 방출되는데, 이 지혜의 광명이 바로 전자파입니다. 이러한 전자파가 공기 중에 퍼지면 살균의 작용을 합니다. 혼탁한 공기를 청결한 공기로 변하게 하는데, 이것을 전자파로 세계의 병을 치료하는 것이라 합니다.

선방 누룽지 사건

만불성성에 상주하는 우리들에게는 '하루 한 끼만 먹고, 밤에 눕지 않는[日中一食 夜不倒單]' 계율이 있습니다. 이러한 고행은 세계 제일이라고 감히 말할 수 있으며, 더욱이 선칠(禪七) 기간에는 매일 12시간을 앉고 6시간을 걸으면서 참선합니다. 이와 같이 고생하는 데는 영양이 필요합니다.

그래서 예전에 중국에서는 참선 기간 동안 매일 저녁 한 사람당(안에 채소가 들어간) 큰 만두 두 개를 먹게 하였는데, 모두 기뻐하였습니다. 이곳의 우리에게 그러한 규칙은 없습니다. 그 대신 점심을 먹을 때 더 많이 먹게 하여 포향(跑香: 달리면서 하는 참선)할 힘을 갖게 하였습니다.

불교의 계율에 '하루 한 끼만 먹는' 것을 규정한 것은 정오에만 밥을 먹는 것입니다. 나중에 오후불식[過午不食]으로 바뀌었는데, 낮 12시 이후에는 식사를 하면 안 되는 것입니다. 그러나 아침에 죽을 먹을 수는 있습니다. 이것은 정오를 넘지 않기 때문에 계율을 범하는 것이 아닙니다.

선칠(禪七) 기간에 만약 배가 부르지 않으면, 좌선하거나 걷거나 포향(跑香)할 때 힘이 없어 물러나는 마음[退轉心]을 낼 수 있습니다. 어떻게 이런 마음이 나오겠습니까? 참선하는 사람이 저녁에 배가 고파서 고통스러울 때 조금도 관심이 없다면 당신이 도대체 무슨 도를 닦는 것이겠습니까? 자비심이 조금도 없다고 생각하면서 물러나는 마음을 내기 쉬우며, 수행을 원하지 않고 이전에 쌓은 공력을 포기하게 하는 것입니다. 그러므로 참선하는 기간에는 반드시 배부르게 먹어야 지혜해탈을 구할 정신이 생기게 됩니다.

오늘은 중국의 선방에서 일어난 '누룽지 사건'에 대하여 이야기하려고 합니다. 이것은 실제로 있었던 일이며, 꾸며낸 이야기가 아닙니다. 중국 영파(寧波) 천동사(天童寺)에 밀운(密雲) 선사라는 방장스님이 계셨습니다. 그분은 눈이 밝은 선지식이었습니다. 이 절의 유나스님도 눈이 밝은 선지식이었습니다. 하지만 유나스님은 자비심이 너무 많았고, 방장스님은 자비심이 상대적으로 매우 적었습니다.

방장스님은 '보살은 남의 일에 관여하지 않는다'는 가풍이었고, 유나스님은 '보살은 남의 일에 관여하기를 좋아한다'는 가풍이어서 두 분의 생각이 서로 달라 일을 할 때 서로 맞지 않을 때가 종종 있었습니다.

참선 기간에 모두 용맹정진하여 좌선하면서 생사해탈의 지혜를 구하였습니다. 자비스러운 유나스님은 저녁에 대중스님들이 배가 고프지만 먹을 것이 없어 무기력하게 좌선하는 것을 보았습니다. 어떤 스님은 혼침(昏沈)에 빠지고, 어떤 스님은 도거(掉擧)에 빠져, 졸지 않으면 거의 앉지 못했습니다. 원래 좌선을 시작할 때는 앉은 높이가 삼 척으로 높았으나 저녁에는 한 척 반으로 줄었습니다. 왜냐하면 배가 고파 허리를 바로 펼 수가 없었기 때문에 앉은 모습이 작아진 것입니다. 이러한 현상이 일단 발생한 후에는 예전으로 되돌릴 방법이 없었습니다.

이러한 모습을 본 유나스님은 자비심을 내게 되었습니다. 유나스님은 대중의 건강을 돌보기 위하여 선정 중에 신통력을 써서 주방으로 가서 누룽지를 훔쳐 하나씩 나눠주었습니다. 휴식시간에 대중들이 눈을 떠보니 무릎 위에 누룽지가 있는 것을 보고 몰래 먹었습니다. 배고픔을 해결하니 곧 정신을 차리게 되었으며, 포향할 때 피곤하지 않았습니다. 자비로운 유나스님은 이틀간 누룽지를 훔쳐 대중에게 간식으로 주었습니다. 그런데 셋째 날 누룽지를 훔치다가 예기치 않게 방장스님께 발각되었습니다. 그래서 유나스님은 그만 절에서 쫓겨나게 되었습니다.

일은 이렇게 발생한 것이었습니다. 셋째 날 아침 주방을 관리하는 스님이 누룽지가 없어진 것을 발견하고는 쥐가 훔쳐간 것이라고 생각하였습니다. 소임을 맡고 있었기 때문에 곧 방장스님께 그간의 사정을 보고하였습니다.

방장스님은 "그럼 그 쥐를 잡아야지!" 하고 말하였습니다. 그날 밤 방장스님은 선정에 들어 관찰해보니 유나스님이 선정 중에 누룽지를 훔쳐가는 것을 발견하게 되었습니다. 그래서 방장스님은 유나스님의 몸을 의자 밑에 놓아두었습니다. 유나스님이 돌아왔는데 자기의 집(즉 신체)이 보이지 않아 자세히 찾아보니 의자 밑에 있는 것을 알았습니다. 그래서 의자 밑에서 자신의 몸을 꺼냈습니다.

이때 방장스님이 말하였습니다. "너는 지금 무엇을 하는 게냐? 네가 큰 쥐처럼 감히 주방의 누룽지를 훔치다니. 네가 지금 계를 범한 것을 아느냐? 계를 범하면 다른 곳으로 가야 한다. 내일 떠나거라! 우리는 너를 이곳에 머물게 할 수 없다."

쫓겨나게 된 유나스님이 말하였습니다. "당신께서 저를 쫓아내는 것은 괜찮습니다. 그러나 저에게 청이 하나 있습니다. 허락해 주십시오."

방장스님이 말하였습니다. "떠나는 네가 무슨 요구를 하느냐?"

유나스님이 말하였습니다. "참선하는 사람은 반드시 밥을 배부르게 먹어야 힘써 수행에 정진할 수 있습니다. 만약 배가 고프면 제대로 수행할 수 없습니다. 그러므로 제가 주방에 가서 누룽지를 훔친 것은 대중을 위한 것이며, 저 자신을 위한 것이 아닙니다. 방장스님께서는 자비를 베푸셔서 매일 저녁 대중스님들에게 큰 만두를 두 개씩 나눠주십시오. 만약 그렇게 하신다면 저는 방장스님께 큰절을 올리겠습니다. 그리고 제가 떠난 후에도 대중스님들은 망상을 짓지 않을 것입니다."

방장스님은 매우 도리 있는 말이라고 생각하여 대답하였습니다. "좋다! 자네의 요청을 받아들여서, 그대의 원을 이루게 하겠다."

그 후부터 참선결제 기간에는 저녁에 사람마다 만두 두 개를 먹을 수 있게 하였습니다.

유나스님은 방장스님께 물었습니다. "이제 저는 어디로 가야 합니까?"

방장스님이 말하였습니다. "너는 사천성으로 가서 도량을 세워라. 왜냐하면 너는 그곳의 호법(護法, 신도)과 인연이 있기 때문이다."

그리하여 유나스님이 신족통으로 사천성에 가보니, 큰 계수나무 두 그루가 있는데, 가지와 잎이 매우 무성하여 그 나무 아래에서 좌선을 하였습니다. 그 후 그 지방의 호법거사들이 스님을 발견하였는데 스님이 덕행 높은 고승임을 알고는 계수나무 아래에 절을 건립하여 '쌍계당(雙桂堂)'이라고 이름 지었습니다. 스님은 개산(開山) 조사(祖師)가 되어 그곳에서 법을 전하였는데 나중에 깨달은 수행자가 많이 나왔습니다.

참선은 마치 사람이 물을 마시는 것처럼 차갑고 따뜻함을 스스로 압니다. 정진하여 어느 정도 수준에 오르면 선을 스스로 알 수 있으며, 그 수준에 올라서지 못한 것도 알 수 있습니다. 길(일정한 수준) 위에 올라선 사람은 계속 노력해야 할 것이며, 길에 오르지 못한 사람은 더욱 게으르면 안 될 것입니다.

참선 기간에는 모든 것을 놓아버려야 합니다. 화두가 잘 들리면 망상을 놓을 수 있습니다. 모든 망상을 놓을 수 있으면 곧 지혜가 나타날 것이며, 만약 망상을 놓지 못하면, 공부가 상응할 수 없을 것입니다.

이 7일 동안 마땅히 용맹정진하여 조금도 게으른 마음을 내지 말아야 하며, 조금이라도 의심하는 마음을 내어서는 안 됩니다. 대중들은 함께 노력하여 남도 없고 나도 없는 경계에 이르게 되면, 곧 자재함을 얻게 될 것입니다. 만약 공도 아니고 색도 아닌[非空非色] 경지에 이르게 되면 여래와 합일되어 하나가 될 것입니다. 만약 이런 경계를 이해하지 못하면 마땅히 큰 참괴심(慚愧心)을 내어야 합니다.

왜 당신은 공부가 상응하지 못하겠습니까? 그것은 무량겁 동안 쌓은 습기(習氣: 습관이 오래 쌓여 형성된 기운)가 매우 깊기 때문입니다. 따라서 마음으로는 보리(菩提: 깨달음)의 길에 오르고자 하지만 사실은 앞으로 나아가기를 원하지 않고, 언제나 뒤로 물러나기를 생각합니다. 습기가 무겁고 업장이 깊은 것을 알아야 하며, 그렇기에 더욱 망상을 놓아야 합니다. 망상을 놓는 것은 결코 어렵지 않습니다. 단지 자기를 잊어버리면 곧 망상이 없어집니다. 자기가 있기 때문에 자기를 잊어버리지 못하는 것입니다.

수행자는 업을 소멸시켜야 한다

'고통을 받는 것은 고통을 그치게 하는 것이며, 복을 누리는 것은 복을 소모하는 것입니다[受苦是了苦 享福是消福].' 우리 수행자들은 왜 고행을 닦아야 하겠습니까? 하루에 단지 한 끼만 먹는 것은 바로 고통을 그치기 위한 까닭입니다. 고통이 그치면 바로 즐거움입니다.

복(福)에는 응당 누려야 할 복과 누리지 말아야 할 복이 있습니다. 응당 누려야 할 복은 자기가 일을 하여 얻은 대가로서 좋은 집에 거주하고 좋은 옷을 입고 좋은 음식을 먹으며, 좋은 차를 타는 것입니다. 이러한 복은 한 번 누릴 수 있습니다. 그러나 다 누리고 난 후에는 복이 없어집니다. 즉 복의 은행에 저축한 것이 없어진다는 말입니다.

마땅히 누리지 말아야 할 복은 자기의 본분 외의 것을 구하여 누리려는 것을 말합니다. 즉 요행으로 얻은 복을 말합니다. 강도가 남의 돈을 빼앗아 자기가 누리는 것은 도리에 맞지 않는 누림이며, 반드시 법률의 제재를 받게 될 것입니다. 복의 은행 통장이 적자가 되는 것입니다.

응당 누려야 할 복도 다 누린 후에는 복이 없어지는데, 하물며 마땅히 누리지 말아야 할 복은 억지로 누리려고 하면 복을 없앨 뿐만 아니라 적자가 나는 것입니다. 그러하기 때문에 복은 다 누리면 안 되며, 다 누리고 나면 복이 없어집니다. 괴로움도 다 받고 나면 괴로움이 없어집니다. 우리는 사람이 되어서 이러한 도리를 명백히 이해해야 합니다. 환경이 어렵더라도 역경을 기꺼이 받아들이면 원한이 없어지며, 또한 현실에 불만족하는 마음이 수작을 부리지 않게 됩니다.

불법(佛法)을 연구하는 사람의 사상과 행위는 세속의 인과와는 상반됩니다. 세속인은 생사에 순응하여 업을 짓지만 수행자는 생사를 거슬러 업을 없애는 것입니다. 어떤 환경에서도 태연하고 마음이 편안하며, 괴로움을 느끼지 않습니다. 소위 '고통 가운데서 고통을 감수하여야 비로소 사람 가운데 뛰어난 사람이다.'라는 말은 지극한 명언입니다. 지금 괴로움을 감수하여 업을 소멸시키는 데 관한 이야기를 하나 하니 참고로 삼기 바랍니다.

명나라의 마지막 황제는 숭정(崇禎) 황제입니다. 그는 비록 황제가 될 만한 지혜는 있었지만, 황제의 복은 없었습니다. 왜 그런가 하면 그의 괴로움의 과보가 아직 다 끝나지 않았기 때문입니다. 전생에 그는 절의 사미(沙彌)였는데, 구족계를 받기 전에 죽었기 때문에 여전히 사미였습니다. 그가 사미였을 때 땔나무를 하고 물을 긷는 힘든 일은 모두 그가 하였으며, 아무런 불평도 하지 않았습니다. 매일 힘든 일을 하면서 도량을 보호하고 유지하였습니다.

어느 날 그는 절 건물의 지붕위에 올라가서 기와를 수리하다가 실족하여 땅에 떨어져 죽었습니다. 사형사제가 이 일을 방장스님께 보고하였습니다. 노스님은 전후의 인과를 살펴보고는 작은 사미를 성취시키기 위해 그를 대신하여 그의 고(苦)의 업을 그치게 해야겠다고 생각하였습니다.

그래서 대중스님들에게 선포하기를 "이 작은 사미는 일을 하면서 조심하지 않아 떨어져 죽었으며, 이 도량에 큰 손실을 끼쳤다. 그는 절에 손해를 끼친 과오를 범하였으니 그를 징벌하고자 한다. 여러분은 그의 시체를 말에 묶어서 시체의 살과 뼈가 다 흩어질 때까지 끌고 다니게 하여라. 그러면 매장할 관을 살 필요가 없을 것이다."라고 하였습니다.

모두들 방장스님의 말을 들었지만 그 말이 옳다고 생각하지 않았습니다. 스님들은 측은한 마음에 방장스님의 명령을 따르지 않았습니다. 왜냐하면 인정상 차마 방장스님의 말씀대로 할 수 없었기 때문입니다. 그래서 함께 의논하기를 "우리는 사형사제로서 이 도량에서 함께 수행했는데, 그를 편안하게 매장해야 한다. 그의 시신을 말에 묶어 끌고 다닐 수는 없다."라고 하였습니다. 그리하여 돈을 모아 관을 사서 산속에 매장해 주었습니다.

이 작은 사미는 절에서 남을 대신하여 힘든 일을 하여 공덕을 쌓았기 때문에 그 다음 생에 사람으로 태어나 황제가 되었는데, 그분이 바로 숭정 황제입니다. 그러나 단지 16년 동안 가난한 황제가 되었을 뿐입니다. 이분이 황제의 자리에 있을 때 천하는 크게 혼란하여 안으로는 이자성(李自成)이 반란을 일으키고, 밖으로는 청나라의 군대가 침입하여 하루도 편안한 날을 지내지 못하고 근심과 걱정 속에서 보낸 것입니다.

이렇게 된 것은 전생에 좋은 마음을 낸 사형사제들이 그에게 후하게 장례를 치러 주어 그의 고(苦)의 업장이 다하지 못하였기 때문입니다. 만약 그들이 당시 방장스님의 말씀대로 했더라면, 고의 업이 곧 다하였을 것이며, 숭정 황제가 석탄산에서 나라를 위하여 자살하지도 않았을 것입니다.

아집(我執)과 법집(法執)

무엇을 아집이라 합니까? 바로 '나(我)'에 집착하는 것입니다. 이것은 '나의' 몸이며, 저것은 '나의' 소유라고 집착하는 것입니다.

총괄적으로 말하면 모든 것은 나를 전제로 하며, 나를 맨 앞에 두고, 나는 있으나 남[人]은 없습니다. 세 가지 마음(과거심, 현재심, 미래심)이 그치지 않고, 네 가지의 상[我相, 人相, 衆生相, 壽者相]이 공(空)하지 못합니다.

어떻게 해야 비로소 아집이 타파되었는지를 알 수 있겠습니까? 그러기 위해서는 날마다 아침에 일어나 음식을 먹는 것부터 행주좌와의 모든 일상생활까지 살펴보아야 합니다. 이러한 모든 행동을 하는 동안 자기를 위해 하는지, 아니면 남을 위해서거나 도량을 위해서 하는지를 살펴보아야 합니다.

만약 단지 자기 자신만을 위하여 행동한다면, 그것은 바로 자신만 생사에서 벗어나려는 사람이며[自了漢], 소승인(小乘人)의 생각이며, 자기만 위하고 남은 위하지 않는 것입니다. 예전에 부처님께서 이런 사람을 가리켜 '불에 그슬린 싹이며 썩은 종자[焦芽敗種]'라고 하였습니다.

무엇 때문이겠습니까? 이러한 생각을 가진 사람은 마음의 도량이 매우 작으며, 아집이 매우 커서 자신만 좋으면 그만이고, 다른 사람의 좋고 나쁨은 관여하지 않기 때문입니다. 이것은 소승인의 종지입니다. 그러므로 그들은 삼계(三界)를 불타는 집으로 보며, 생사를 원수의 집과 같이 여깁니다. 자신만 생사를 마치려고 하며, 중생의 생사는 돌보지 않으려고 합니다.

만약 다른 사람을 위한다면 그것은 남을 위하는 것입니다. 자기가 해탈을 얻으면 일체의 중생도 해탈을 얻게 하려는 것이 보살의 사상입니다. 바꿔 말하자면 자기 자신을 잊고 중생을 이익되게 하려는 것이 바로 보살도(菩薩道)를 행하는 것입니다.

이것을 일러 '불광(佛光)이 널리 비치고, 법의 비가 골고루 적신다[佛光普照 法雨均霑]'라고 합니다. 보살도를 행하는 것은 바로 '인연이 없는 중생에게도 평등하게 대하며, 중생을 다 같은 한 몸으로 생각하여 구제한다[無緣大慈 同體大悲]'는 정신에 입각해야 합니다.

만약 도량을 위한다면 곳곳에서 삼보의 도량을 옹호하고 보호해야 하며, 어떠한 다른 의도나 목적을 지니지 말아야 하며, 명예와 이익을 바라지 않아야 비로소 진정으로 도량을 옹호하는 것이라고 말할 수 있습니다.

우리들은 매일 반성하여 자신을 위해 행동하는 때가 많은지, 남을 위해 행동하는 때가 많은지, 아니면 도량을 위해 행동하는 때가 많은지를 살펴야 합니다. 이렇게 회광반조(廻光返照)하면 아집이 타파되었는지를 곧 알 수 있습니다. 이것은 매우 쉬운 설법입니다.

만약 더 깊이 들어가 말하자면, 날마다 내가 손해 볼까 두려워하는지, 매일 이익을 얻지 못할까 두려워하는지를 살펴보아야 합니다. 그러한 마음이 있으면 고치고, 없으면 더욱 힘써야 할 것입니다.

그리고 자기 자신에게 인욕의 공부가 있는지를 반성해야 합니다. 만약 어떤 사람이 아무런 이유도 없이 자기를 욕하거나 때려도 참을 수 있는지, 화를 내지는 않을지, 혹은 보복하려는 마음을 가지고 있는지를 살펴보아야 합니다. 만약 그런 마음이 있다면 아집이 아직 타파되지 않은 것이며, 그런 마음이 없다면 아집은 이미 타파된 것입니다.

여러분은 진지하게 생각해야 합니다. 모든 문제와 번뇌는 어떻게 오겠습니까? 모두 아집이 수작을 부리는 것입니다. 아집(我執)이 타파되지 않으면 법집(法執)은 더욱 타파할 수 없습니다. 소승인은 아집을 타파하였지만 법집은 타파하지 못하였으며, 보살이라야 아집과 법집을 함께 없앨 수 있습니다.

아집이 타파된 후에 법집을 타파해야 합니다. 무엇을 법집이라 합니까? 오온(五蘊: 색, 수, 상, 행, 식)의 법에 대하여 명백하게 이해하지 못하며, 오온이 인연으로 생하며 실제로 있다고 집착하는 것입니다. 만약 일체의 법에 대한 집착이 없으면 원융무애하게 되어 어디를 가더라도 자재(自在)하지 못한 경계가 없습니다. 아집과 법집이 모두 없어질 때 비로소 진정한 수행자가 될 것입니다.

진정한 수행자는 언제 어떠한 경계에서도 절대로 자기 자신을 위해 행하지 않으며, 자신을 버리고 남을 위하며 의롭고 용감하게 행하려 하고, 대공무사(大公無私)하며 지극히 바르고 치우치지 않은 행위를 합니다.

부처님께서 설하신 3장(三藏) 12부(十二部)의 경전은 모두 사람의 집착을 타파하기 위한 것입니다. 그러나 우리들은 기어코 부처님의 가르침을 듣지 않으려 하고, 부처님의 배반자가 되려고 하며, 언제나 나에 대하여 집착합니다. 아상(我相)이 공(空)하지 않으면 인상(人相)도 공하지 못하고, 중생상(衆生相)도 공하지 못하며, 수자상(壽者相)은 더욱 공하지 못하여 사상(四相)에 대한 집착을 버리지 못합니다.

세 가지 마음이 그치지 못하는 도리에 대하여 명확하게 이해하지 못하고 있습니다. 원래 과거심도 얻지 못하며, 현재심도 얻지 못하며, 미래심도 얻지 못합니다. 무엇 때문이겠습니까? 왜냐하면 과거의 마음은 이미 지나가 버렸으니, 당신은 어디에서 그 마음을 찾을 수 있겠습니까? '현재'는 근본적으로 머물지 않으니, 당신이 '현재'를 말하는 순간 이것은 또 지나가 버리니 현재는 존재하지 않은 것입니다. 그러므로 현재심도 얻지 못한다고 말하는 것입니다. 미래의 마음도 얻지 못하는데, 미래는 아직 오지 않았으니, 오지 않은 그것을 말해 무엇 하겠습니까?

『금강경』에서 이렇게 말하였습니다. "아상도 없으며, 인상도 없으며, 중생상도 없으며, 수자상도 없다." 그리고 또 "과거심도 얻을 수 없으며, 현재심도 얻을 수 없으며, 미래심도 얻을 수 없다."라고 하였습니다. 이 몇 구절의 글은 사람마다 모두 읽을 수 있으나 기억하지 못합니다. 여러분들은 『금강경』의 이 몇 구절에서 공부하기를 바랍니다. 네 가지의 상이 공하고, 세 가지의 마음이 그쳐야 바로 진정한 수행입니다.

오온(五蘊)의 성질

참선의 비밀은 바로 '아침에도 생각하고, 저녁에도 생각하는' 것입니다. 무엇을 생각하는 것이겠습니까? "염불하는 자가 누구인가[念佛是誰]?"를 생각하는 것입니다. 오늘도 참구하고 내일도 참구하여 매일 선원에서 깊이 반야바라밀다(般若波羅蜜多, 깊은 지혜로써 생사의 바다를 건너는 일)를 행하는 것이다.

단시일 내에 참선의 맛을 느낄 수 있는 것이 아니며, 오랫동안 참구해야 가능한 일입니다. 깊이 반야바라밀다를 행하는 공부가 있을 때 비로소 오온이 모두 공(空)함을 비춰볼 수 있습니다.

오온(五蘊)은 오음(五陰)이라고도 부릅니다. 온(蘊)은 모은다는 뜻이며, 음(陰)은 막고 덮는다는 뜻입니다. 우리가 왜 자재함을 얻지 못하고, 해탈을 얻지 못하겠습니까? 왜냐하면 오온에 덮여 있기 때문입니다. 오온은 바로 색(色), 수(受), 상(想), 행(行), 식(識)입니다.

(1) 색온(色蘊)

장애가 있는 것을 색이라고 하며, 형상이 있는 것을 색이라고 합니다. 색온이 공하지 못하면 색을 볼 때 색진(色塵)에 미혹되며, 소리를 들을 때 성진(聲塵)에 미혹되며, 향기를 맡을 때 향진(香塵)에 미혹되며, 맛을 볼 때 미진(味塵)에 미혹되며, 접촉하여 감각을 느낄 때 촉진(觸塵)에 미혹됩니다.

만약 색온이 공해지면 안으로는 그 마음이 없으며, 밖으로는 그 형상이 없으며, 멀리로는 그 사물의 경계가 없어집니다.

색은 갖가지 색깔이 있어 사람의 눈을 어지럽게 하며, 분명하게 인식하지 못하여 마치 눈 먼 사람처럼 만듭니다. 노자(老子)는 『도덕경(道德經)』에서 이렇게 말하였습니다.[01]

다섯 가지 좋은 빛깔[色]은 눈을 멀게 하고
말 달리고 사냥하는 것은 마음을 미치게 하며
얻기 어려운 재물은 행동을 그르치네.
다섯 가지 좋은 맛[味]은 입을 상쾌하게 하고
다섯 가지 좋은 소리[音]는 귀를 멀게 하네.
五色使人目盲
馳騁田獵使人心發狂

01 선화 상인의 『개시록(開示錄)』 원본에는 "다섯 가지 색[色]은 사람의 눈을 멀게 하고, 다섯 가지 음[音]은 사람의 귀를 멀게 하고, 다섯 가지 맛은 사람의 입을 상쾌하게 한다."라고 인용하고 있다. 노자의 『도덕경』 원문과 순서가 일부 다르고 중간에 생략된 내용이 있어 『도덕경』 원문을 본문에 소개한다.

難得之貨使人之行妨

五味使人之口爽

五音使人之耳聾

이러한 경계는 모두 색온에 집착한 것입니다. 만약 색온을 타파하면 산하대지와 집과 건물이 모두 공하며, 어떠한 장애도 없어집니다.

그러므로 색온이 공하지 못하면 색에 집착하여 견혹(見惑)을 타파할 수 없습니다. 견혹은 바로 '경계를 탐하고 애착하는 마음을 일으키는' 것입니다. 경계는 바로 색이며, 경계에 탐심과 애착심을 내는 것이 집착하는 것입니다. 견혹에는 88품(八十八品)이 있는데, 만약 88품을 모두 다 끊으면, 초과(初果)의 아라한을 증득하게 됩니다.

우리 수행자들은 먼저 삼계(三界) 88품(八十八品)의 견혹을 끊어야 하며, 그런 후에 다시 삼계(三界) 81품(八十一品)의 사혹(思惑)을 끊어야 합니다. 사혹은 바로 '이치에 미혹하여 분별을 일으키는' 것이며, 또한 모든 이치를 분명하게 인식하지 못하는 것입니다. 만약 삼계 81품(八十一品)의 사혹을 모두 다 끊으면, 바로 사과(四果)의 아라한을 증득하게 됩니다.

(2) 수온(受蘊)

이것은 받아들인다는 뜻입니다. 경계가 오면 고려하지 않고 바로 받아들이며, 편안한 느낌을 가집니다. 비유하면 좋은 음식을 먹으면 매우 좋다고 느끼는데, 이것이 바로 수(受)입니다. 다시 말해서, 좋은 옷을 입으면 편하다고 느끼는 것이 수(受)입니다. 좋은 집에 거주하면 아름답다고 느끼는데 이것이 수(受)입니다. 좋은 차를 타면 편안하다고 느끼는 것이 수(受)입니다. 즉, 몸으로 받아들이는 모든 것이 수(受)입니다.

(3) 상온(想蘊)

이것은 사고하고 생각한다는 뜻입니다. 오근(五根: 눈, 귀, 코, 혀, 몸)이 오진(五塵: 색, 성, 향, 미, 촉)의 경계를 받아들이기 때문에 갖가지 망상을 내며, 갖가지 생각[念頭]을 냅니다. 갑자기 일어났다가 갑자기 없어지며, 작용을 일으키면서 색(色)을 생각하고, 수(受)를 생각하는 것입니다.

(4) 행온(行蘊)

이것은 천류(遷流)한다는 뜻입니다. 오기도 하고 가기도 하면서 멈추지 않고, 흐르면서 쉬지 않는[川流不息] 것입니다. 선을 짓고 악을 행하는 동기는 망령된 마음이 지배하기 때문이며, 몸과 입의 행위에 반응하는 것입니다.

(5) 식온(識蘊)

이것은 분별한다는 뜻입니다. 경계가 오면 분별심(分別心)을 냅니다. 예를 들면 아름다운 색을 보면 기쁜 마음을 내고, 나쁜 소리를 들으면 미워하는 마음을 내는 등의 분별을 하는 것입니다.

만약 오온을 모두 타파하면 비로소 일체의 고액(苦厄)을 건널 수 있으며, 일체의 재난이 없어집니다. 우리들은 무엇 때문에 재난을 겪겠습니까? 바로 아집과 법집의 두 가지 집착이 공하지 못하기 때문입니다. 영가현각(永嘉玄覺) 대사가 「증도가(證道歌)」에서 이렇게 말했습니다.

> 오온의 뜬 구름이 헛되이 가고 오며,
> 삼독의 물거품이 헛되이 나타났다 사라지네.
> 五蘊浮雲空去來
> 三毒水泡虛出沒

오온은 본래 자성(自性)이 없으며, 마치 하늘의 뜬 구름과 같아서 저절로 있다가 저절로 없어집니다. 이러한 도리를 이해하지 못하면 오온에 덮여 자재하지 못하고 해탈하지 못하게 됩니다. 우리가 수행하는 것은 바로 오온을 타파하는 것입니다. 마치 뜬 구름과 같이 오면 따라오고, 가면 따라 가며 그것에 주의를 기울일 필요가 없으며, 집착할 필요가 없습니다. 탐(貪)·진(瞋)·치(癡)는 마치 물거품과 같아서 본래 실체가 없으며, 저절로 생겼다가 저절로 사라지는 것이니, 집착하지 않으면 없어집니다.

무명의 다섯 가지 마음

무명(無明)은 바로 탐(貪), 진(嗔), 치(癡), 만(慢), 의(疑)이며, 이 다섯 가지의 악업이 사람이 전도(顚倒)되고 발광하게 합니다.

(1) 탐하는 마음[貪心]

자신의 마음에 드는 경계에 탐애(貪愛)를 일으키는 것이며, 반드시 자기가 얻지 못하면 안 되며, 심지어 목적을 위하여 수단을 가리지 않는 것입니다. 원하는 것을 얻을 때까지 탐애하는 마음이 계속 일어나고 감정이 편안하지 않습니다.

(2) 성내는 마음[瞋心]

자신의 마음에 거슬리는 경계에 성내는 마음을 내며, 진한(嗔恨)의 마음을 내는 것입니다. 남을 욕하지 않으면 남을 때리고, 심지어 사람을 죽이기도 합니다. 이것은 모두 진한심이 수작을 부리는 것입니다. 이미 이성적인 지혜를 잃어버리고 일시적인 기분으로 행하는 것입니다. 이러한 마음이 강한 사람은 사회를 불안하게 합니다.

(3) **어리석은 마음**[癡心]

지혜가 없어 옳고 그름을 밝히지 못하고 선악을 분간하지 못하며, 어리석고 전도(顚倒)되어 좋지 않은 결과(죄업)를 낳는 것입니다.

(4) **교만한 마음**[慢心]

자기를 높이고 남을 업신여기는 것입니다. 자기를 대단하다고 여기며, 하는 일마다 남들보다 잘났다고 생각하는 것입니다. 이러한 오만하고 교만한 마음은 가장 가져서는 안 되는 마음입니다.

(5) **의심하는 마음**[疑心]

바른 지견(知見)에 의심하는 마음을 품거나 일으켜 어떤 사람의 말도 믿지 않는 것입니다. 이러한 심리는 비정상적이며 열등한 것입니다.

이러한 다섯 가지의 마음은 모두 정상적인 것이 아니며, 모두 무명이 일으키는 것입니다. 수행자는 반드시 무명을 소멸하여야 하며, 무명이 풍파를 일으키지 못하도록 해야 합니다.

무명은 범부가 정욕(情欲)에 빠지게 하며, 세간의 애정이 진실하다고 생각하게 합니다. 그러므로 애정을 떠나지 못하고, 버리지 못하며, 놓지 못하는 것입니다. 그것 때문에 뒤얽혀 육친권속을 놓지 못하며, 선과 악이 뒤섞여 세세생생 윤회하면서 벗어날 기약이 없으니, 무명이 생사의 근본이라고 말하는 것입니다.

수행자의 마음을 무겁게 누르는 이러한 성가심(부담)이 없으면, 쉽게 청정함과 생사해탈을 얻을 수 있습니다. 만약 무명을 일도양단(一刀兩斷)으로 끊지 못하면 영원히 무명에 지배될 것이며, 지옥으로 달려가서 칼 산 위를 뛰어다니고, 끓는 기름 가마 속으로 뛰어들게 될 것입니다. 이때는 애초에 내가 왜 수행 정진하지 않았나 후회하더라도 이미 때는 늦은 것입니다.

여러분에게 권고합니다. 때에 맞춰 수행하며, 앞으로 살아갈 날이 길다고 생각하지 말아야 합니다. 옛 사람이 이르기를 "늙어서 도를 배우려고 기다리지 마라. 외로운 무덤은 모두 젊은 사람 것이네."라고 하였습니다.

하루 도를 배우면 정토(淨土)와 조금 더 가까워지며, 조금씩 정토를 향해 나아가는 것입니다. 열심히 수행하지 않고 정토에 가려고 한다면, 그것은 이룰 수 없는 일입니다.

세상의 일에 시간을 낭비하면 유익한 것이 없으며, 오직 수행만이 시간을 낭비하지 않는 것이다. 하나만큼 수행하면 하나만큼 유익합니다. 이른바 "모래가 모여 탑을 이룬다[集沙成塔]."는 말이 이런 뜻입니다. 한 걸음 한 걸음씩 쉬지 않고 앞으로 나아가면 저절로 저쪽 언덕[彼岸]에 이르게 됩니다.

성품[性]과 심의식(心意識)

성품[性], 인식[識], 뜻[意], 마음[心]은 어떻게 구별하겠습니까?

어린아이가 막 태어났을 때는 활발발(活潑潑)하며, 아상(我相), 인상(人相), 중생상(衆生相), 수자상(壽者相)이 없을 때입니다. 이때는 성품[性]이 작용을 한다고 말할 수 있습니다.

그리고 아이가 젖을 먹을 줄을 알게 되면 인식[識]이 증가됩니다. 젖을 먹은 후 약간 더 자라 옷을 입을 줄 알며, 입지 않으면 춥다는 것을 알고 입지 않으면 부끄러움을 알게 되며, 목마르고 배고프고 추위와 더위를 알게 되면, 이것은 바로 뜻[意]이 작용하는 것입니다. 더 자란 후 이런 것, 저런 것을 요구하게 되는데, 이것은 바로 마음[心]이 작용하는 것입니다.

본래 네 가지의 마음이지만 또한 하나라고 말할 수 있으며, 서로 연대관계가 있어 분리할 수 없으며, 동일한 집입니다. 비록 네 가지의 단어가 있지만 그것의 본성은 같은 것입니다. 그것을 움직이는 근본적인 죄의 우두머리는 바로 업(業)입니다.

더 자세히 말하겠습니다. 무엇을 부처[佛]라고 부르겠습니까? 우리들의 성품[性]을 부처라고 부릅니다. 무엇을 신(神)이라고 부르겠습니까? 인식하는 식(識)이 신입니다. 뜻[意]은 분별심이며, 마음[心]은 망상을 짓는 것입니다.

다시 말하자면, 성품은 본래 둥글고 빛나며, 남도 없고[無人] 나도 없으며[無我] 둘이나 셋에 떨어지지 않습니다. 하지만 인식하는 식(識)이 있게 되면, 곧 둘이나 셋에 떨어져 분별하는 바가 생기게 됩니다. 또한 뜻에도 분별함이 있습니다. 그리고 뜻을 제6식(第六識)이라고 부르는데, 비교적 혼탁합니다. 그러나 제7식과 제8식은 비교적 청정합니다.

식에는 여덟 가지가 있는데, 안(眼), 이(耳), 비(鼻), 설(舌), 신(身), 의(意)의 6식과 제7식, 제8식이 있습니다. 식은 본래 8식이 아니며, 구분하는 단어는 8개이지만, 총괄하는 기관은 하나이며, 8개의 직책이 있는 것입니다. 비록 8개의 직책이 있지만, 모두 식이 지배하고 통제하는 것입니다. 8개가 하나이며, 하나가 8개입니다. 8개가 하나를 장애하지 않고, 하나가 8개를 장애하지 않습니다. 하나로부터 8개가 생기며, 8개가 또 하나로 돌아갑니다. 이것이 식(識)입니다.

뜻[意]은 바로 분별심이며, 또한 제6의식(第六意識)입니다. 마음은 분별할 뿐 아니라 망상이 분분합니다. 육식(六識)에 관해서는 일종의 지각성(知覺性)이라고 말할 수 있습니다. 바로 안(眼), 이(耳), 비(鼻), 설(舌),

신(身), 의(意)의 육근(六根)으로부터 모양을 보고[見], 소리를 듣고[聞], 냄새를 맡고[嗅], 맛을 보고[嘗], 몸으로 느끼며[觸], 뜻으로 아는[知] 것이 나오는 것입니다.

사람이 죄업을 짓는 것도 육근의 문에서 짓고, 수행을 하는 것도 육근의 문에서 합니다. 만약 (육근이) 바깥의 경계를 따라 움직이지 않으면, 그것이 바로 수행이며, 만약 바깥의 경계를 따라 움직이면 그것은 타락입니다.

집을 어지럽히는 다섯 귀신

무상귀(無常鬼)는 결코 한 가지가 아니며, 최소한도 다섯 종류가 있습니다. 즉 푸른색, 황색, 붉은색, 흰색, 검은색의 귀신이 있습니다. 중국의 의학이론에 근거하면 오행(五行)은 사람 신체의 오장(五臟)에 배합되며, 오색(五色), 오계(五季), 오방(五方) 등과 상응합니다. 간략하게 열거하면 다음과 같습니다. 만약 상세하게 해설하자면 그 도리는 무궁무진합니다.

(1) 간(肝) - 목(木) - 동쪽[東] - 봄[春] - 푸른색[青]

(2) 심(心) - 화(火) - 남쪽[南] - 여름[夏] - 붉은색[赤]

(3) 폐(肺) - 금(金) - 서쪽[西] - 가을[秋] - 흰색[白]

(4) 비(脾) - 토(土) - 중앙[中] - 한여름[長夏] - 황색[黃]

(5) 신(腎) - 수(水) - 북쪽[北] - 겨울[冬] - 검은색[黑]

오행에는 상생(相生)과 상극(相剋)의 도리가 있는데, 다섯 종류의 무상귀(無常鬼)가 있어 오행 상극의 도리에 입각하여 사람 몸의 오장(五臟)이 연쇄적으로 질병을 일으키게 합니다.

(1) 검은 무상귀(無常鬼)

비유하자면 어떤 사람은 본래 몸에 신장병이 있는 것입니다. 신(腎)은 수(水)에 속하고 검은색입니다. 수(水)는 화(火)를 극(剋)하기 때문에 심장에도 영향을 주어 병을 일으키게 합니다.

(2) 노란 무상귀(無常鬼)

비장(脾臟)은 토(土)에 속하며, 황색입니다. 비장에 병이 있으면 토(土)는 수(水)를 극(剋)하기 때문에 점차 신장에 영향을 끼쳐 문제를 일으킵니다.

(3) 푸른 무상귀(無常鬼)

간(肝)은 목(木)에 속하며, 청색입니다. 만약 간에 병이 있으면 목(木)은 토(土)를 극하기 때문에 이어서 비장에도 병이 생기도록 영향을 미칩니다.

(4) 흰 무상귀(無常鬼)

폐(肺)는 금(金)에 속하며, 흰색입니다. 금(金)은 목(木)을 극하기 때문에 간에도 병이 생기도록 영향을 미칩니다.

(5) 붉은 무상귀(無常鬼)

심장(心臟)은 화(火)에 속하며, 붉은색입니다. 심장에 병이 있으면 화(火)는 금(金)을 극하기 때문에 심장병은 폐의 기능에도 영향을 줍니다.

이와 같은 것이 오행의 상극이며, 오장의 질병도 일정한 규율의 악성순환에 따라 발생합니다.

무상귀 하나가 다른 네 무상귀를 이끌어 함께 와서 사람의 목숨을 재촉합니다. 사람은 죽어가다가도 살아 돌아오는데, 이 다섯 무상귀는 사람의 생리와 심리에 매우 큰 영향을 끼칩니다.

그러나 그것은 갑자기 오는 것은 아니며, 하루아침에 오는 것도 아닙니다. 사람이 어려서부터 장성하는 동안 조금씩 조금씩 축적되어 최후에는 수습할 수 없는 국면에 이르게 됩니다. 그 근본 원인을 추구해보면 모든 귀괴(鬼怪)가 여러 병의 근원이며, 모든 생사는 모두 무명(無明)에서 오는 것입니다. 만약 무명이 타파되면 일체의 병과 일체의 무상귀도 없어질 것입니다.

무명은 바로 모든 죄악, 번뇌, 병고 그리고 생사의 근본입니다. 사람은 지혜를 배워야 하며, 지혜가 있으면 오행을 부릴 수 있고, 상극(相剋)의 도리를 상생(相生)의 도리로 바꿀 수 있습니다. 상생은 즉 서로 도와주는 것이고, 서로 제휴하는 것이며, 적대관계를 우호관계로 바꿀 수 있을 것입니다.

그러므로 반드시 무명을 타파하여 지혜를 내게 해야 하며, 지혜가 있으면 일체의 집착을 깨뜨릴 수 있을 것입니다. 사람이 왜 집착하겠습니까? 무명이 수작을 부리기 때문이며, 무명이 바로 죄(罪)와 화(禍)의 우두머리입니다. 그러므로 수행자는 반드시 무명을 타파해야 하며, 문제의 근본을 없애면 다른 모든 문제는 저절로 해결되는 것입니다. 그래서 이런 말이 있습니다.

단지 근본을 얻으면 지엽은 걱정할 필요가 없네.
마치 깨끗한 유리가 보배의 달을 함유하고 있듯이.
이 여의주를 이해할 수 있으면,
자기와 남을 위하는 것이 마침내 다하지 않네.
但得本 莫愁末 如淨琉璃含寶月
旣能解此如意珠 自利利他終不竭

모든 병의 원인은 바로 업장과 귀신이 수작을 부리는 것이며, 질병은 결코 육안으로 관찰할 수 있는 그렇게 간단한 것이 아닙니다. 환자가 본래 가지고 있는 업장이 있으면, 여러 귀신과 도깨비들이 와서 환자와 결판을 내려고 하며, 그를 성가시게 하는 것입니다.

그렇기 때문에 어떤 상황에서는 의약의 치료에만 순전히 의지하는 것으로는 부족하며, 환자 자신의 업장의 인연을 명백하게 이해하여 불법(佛法)의 신령한 주(呪)를 지송하면 병을 치료하는 효과가 높아질 수 있어서, 약이 병의 뿌리를 제거하는 영험을 얻게 될 것입니다. 그러므로 예로부터 어떤 의사는 신의(神醫)라고 일컬어집니다. 마치 동한(東漢) 시대의 화타(華陀)나 당나라의 손사막(孫思邈) 같은 분들의 의덕(醫

德)은 실로 불가사의합니다. 그들은 모두 불법을 믿었지만 기록에는 없을 따름입니다.

어떤 병자는 의사가 치료를 하면 곧 예상한 효과를 보는데, 어떤 환자는 치료를 열심히 잘 해도 다른 병이 또 생겨납니다. 한 가지 병을 치료하면 또 다른 병이 생기는데, 그것은 업장이 뒤엉켜 있기 때문입니다. 의사가 한 가지 병의 귀신을 물러가게 하면, 그 귀신은 다른 귀신을 데려와 신체의 다른 구멍을 뚫고 들어옵니다. 귀신들은 모두 한 무리 한 무리씩 단체로 행동하는 것입니다.

세상에는 괴상한 병들이 수없이 많으며, 병명을 알 수조차도 없는 질병은 의사들도 속수무책입니다. 내가 막 출가하였을 때 자주 사람들의 병을 치료해 주었습니다. 하지만 나는 결코 환자에게 약방문을 제시하지도 않고 수술이나 침구(鍼灸) 등을 사용하지 않았으며, 단지 참된 마음[眞心]에 의지하여 불교의 신령스런 다라니[呪]를 염송하였을 뿐입니다. 이런 참된 마음은 오직 사람을 구제하는 데 있었습니다. 그러나 그 당시에는 귀신을 구하고 마(魔)를 구제하는 데까지는 미치지 못하고, 마음속에 단지 사람을 구하려는 생각만 간직하였습니다.

그래서 도리어 귀신들을 화나게 하였고, 귀신들은 나를 미워하면서 밤낮으로 보복할 기회를 엿보고 있었습니다. 만약 나에게 조그마한 틈이라도 있으면 허(虛)를 찌르려고 하였습니다. 이것은 정말로 막으려야 막을 수 없었습니다. 그래서 자주 크게 손해를 보았습니다.

혹은 내 주위의 사람들이 손해를 보거나 때로는 나 자신이 손해를 보았지만, 일반인들은 그 내막을 완전히 알지는 못하였습니다. 한

번은 어느 마을에서 4시간이라는 짧은 시간에 30명이 물에 잠겨 죽었으며, 800여 칸의 집이 홍수에 휩쓸려갔습니다. 홍수가 너무 빨리 몰아닥쳐서 바닥보다 높은 부엌에 서 있어도 피하지 못하고 모두 물에 빠져 죽었습니다. 이 사람들은 모두 나 때문에 피해를 입은 것입니다.

본래 그런 요마귀괴(妖魔鬼怪)들은 나를 해치려고 물을 일으켰는데, 결과적으로 나는 죽이지 못하고 다른 많은 사람들이 연루되어 죽은 것입니다. 오늘에 이르러서도 나는 이 사건으로 돌아가신 그분들에게 죄송한 마음을 가슴속에 품고 있습니다.

외공을 단련해야 내공이 생긴다

만불성성(萬佛聖城)에서 생활하는 사람은 오직 고생만 합니다. 비록 고생을 하지만 죄업을 소멸할 수 있습니다. 왜냐하면 우리들은 무량겁 이래로 많은 업장을 쌓았기 때문에 하루 종일 번뇌하고 다투며 살면서 마음속은 언제나 평안하지 못하기 때문입니다.

만불성성에 와서 약간의 고생을 하는 것은 바깥 공력[外功]을 배양하는 것이라고 할 수 있습니다. 당신에게 외공(外功)이 있은 연후에 비로소 내공(內功)이 생기게 됩니다. 당신에게 외공이 없으면 안의 과[內果: 즉 내공]도 성취할 수 없는 것입니다. 외공은 바로 움직이는[動] 가운데서 덕행을 쌓고 복을 닦는 것입니다. 안의 과[內果]는 고요히 머무는[靜] 가운데서 지혜를 닦는 것입니다.

당신은 동(動)과 정(靜)을 단련하는 것이 일여(一如)해야 합니다. 소위 '동은 정을 방해하지 않으며, 정은 동을 방해하지 않는다. 동은 바로 정이며, 정은 바로 동으로서 동과 정이 둘이 아니다.'라고 하는 것입니다.

이렇게 공부가 타성일편(打成一片)이 되면 선정력이 현전(現前)할 것입니다. 능엄대정(楞嚴大定)은 앉아서 좌선만 한다고 나오는 것은 아닙니다. 당신이 행주좌와의 모든 경계에 움직이지 않으며 동요되지 않고, 망상에 간섭받지 않아야, 그것이 바로 정(定)입니다. 만약 당신이 이곳에 앉아 망상이 분분하면서 생각이 날뛰면 선정력이 없는 것입니다. 혹은 어떤 경계를 보고 그 경계에 움직이게 되면 그것은 모두 선정력이 없는 것입니다.

선정력은 바로 동과 정이 둘이 아닌 것입니다[動靜不二]. 움직일 때도 경계에 움직이지 않으니, 그것은 바로 고요함[靜]이며, 고요할 때도 망상에 간섭받지 않으니 그것 또한 움직임[動]입니다. 당신이 수행하여 동과 정이 같으면 공부가 곧 타성일편이 될 것입니다. 타성일편이 되면 움직임도 아니고, 고요함도 아니며, 공(空)도 아니고, 유(有)도 아닙니다. 그것은 바로 중도(中道)입니다.

깨달음을 여는 열쇠

어떻게 하여야 깨달음을 열 수 있겠습니까? 깨달음을 여는 것은 마치 열쇠로 여는 것과 같습니다. 열쇠는 문을 잠가 당신이 드나들지 못하게 할 수 있으며, 반드시 열쇠가 있어야 문을 열 수 있습니다. 열쇠가 없으면, 영원히 방안에 갇히게 될 것입니다.

그러면 열쇠를 어디에 놓아두었겠습니까? 바로 당신 곁에 두어서 쉽게 찾을 수 있습니다. 어떻게 찾겠습니까? 당신이 지금 좌선하고 참선하며, 염불하고 다라니를 지송하는 것이 열쇠를 찾는 길입니다.

언제 찾을 수 있겠습니까? 바로 당신의 수행 정도에 따라 정해집니다. 만약 열심히 정진하면 매우 빨리 찾을 것이고, 게으르면 영원히 찾을 수 없을 것입니다. 금생에 찾을 수 없을 뿐더러 내생에도 찾을 수 없을 것입니다. 이러한 도리는 매우 간단합니다.

당신 마음속에는 열쇠가 하나 있습니다. 마음의 문을 잠그고 있는 것은 바로 무명입니다. 무명은 당신의 청정하고 밝은 마음을 오염되고 어두운 마음으로 변하게 합니다. 경계에 부딪혔을 때, 선과 악을 판별할 지혜가 없으면 곧 전도된 행동을 하게 됩니다.

당신이 수행하여 힘을 얻으면 무명을 타파할 수 있습니다. 열쇠에 의지하면 마음의 자물쇠는 저절로 열리며, 지혜의 광명이 나타난 후에는 어떤 일을 만나더라도 번뇌가 없을 것입니다.

무엇이 무명이겠습니까? 간단하게 말하면, 무명은 바로 어두움이며, 아무것도 알지 못하는 것입니다. 진리를 이해하지 못하여 마음이 잠기기 때문에 깨닫지 못하는 것입니다.

당나라 대종(代宗) 황제 때 어조은(魚朝恩)이라는 태감이 있었는데, 국사(國師)에게 묻기를 "무엇이 무명입니까?"라고 하였습니다.

국사가 말하였습니다. "당신처럼 노비의 모습을 가진 사람이 무슨 자격으로 불법을 묻습니까?"

태감은 왈칵 크게 노하였습니다.

국사는 웃으면서 말하였습니다. "이것이 바로 무명입니다."

그래서 "무명의 불은 공덕의 숲을 태운다."라고 한 것입니다. 지금 깨달음을 열 수 있는 사람은 모두 이전부터 갖가지 착한 인연을 지어서 금생에 비로소 성취를 하는 것입니다. 만약 이전에 여러 가지 착한 인연을 짓지 않았으면 금생에 깨달을 수 없을 것입니다. 깨달음을 열려고 한다면 반드시 먼저 수행을 해야 희망이 있습니다.

석가모니 부처님께서 어떻게 금생에 성불할 수 있었겠습니까?

부처님은 3아승기겁이라는 장구한 세월 동안 복과 지혜를 닦았으며, 100겁 동안 32상(三十二相)과 80가지 좋은 상호를 장엄할 인연을 심으신 것입니다. 그랬기 때문에 부처님이 보리수 나무 아래에서 밤에 밝은 별을 보고 도를 깨치신 것입니다. 만약 부처님이 예전에 수행하지 않았다면, 금생에 성불할 수 없었을 것입니다.

수도(修道)의 비결

세계는 이루어져서 머물다가 무너지고 텅 비는[成住壞空] 순환을 하며, 사람에게는 생로병사(生老病死)가 있습니다. 이것은 일종의 자연의 섭리입니다. 당신이 이러한 도리를 이해하면, 이루어짐[成]이 바로 머무는 것[住]이며, 무너지는 것[壞]이며, 텅 빈 것[空]입니다.

태어나는 것이 바로 늙는 것이며, 병이 나는 것이며, 죽는 것입니다. 만약 이루어짐이 없으면 머묾도 없으며, 무너짐도 없으며, 텅 비는 것도 없습니다. 만약 태어남이 없으면 늙고, 병들고, 죽는 것도 없습니다.

그러나 중생은 망상과 집착으로 인하여 이러한 일을 분별하며, 대겁(大劫)이 몇 개라고 분별합니다. 또한 분별하는 것도 명료하지 못하며, 언제나 여전히 그렇게 흐리멍덩합니다. 조금 이해하다가도 또 어리석어집니다. 그러므로 윤회에서 언제나 벗어나지 못하는 것입니다.

만약 윤회를 벗어나려고 생각한다면 이 길을 타파해야 합니다. 수행하여 성불하면 본래의 불과(佛果)를 증득하며, 오고 감도 없으며, 깨끗함과 더러움도 없으며, 증가하거나 감소하지도 않으며, 생하거나 멸하지도 않습니다. 그리하여 어떠한 번뇌도 없으며, 어떠한 오탁(五濁)도 없습니다. 그러나 우리들은 모두 거짓을 놓아버리지 못하므로 참됨을 찾지 못하는 것입니다. 그래서 다음과 말하는 것입니다.

> 죽음을 버리지 못하니, 생을 바꿀 수 없으며,
> 거짓을 버리지 못하니, 참됨을 이루지 못하네.
> 捨不了死 換不了生
> 捨不了假 成不了眞

당신이 날뛰는 마음의 야성(野性)을 항복시키지 못하면, 진정한 지혜는 드러날 수 없습니다. 왜냐하면 무명이 언제나 당신의 성품을 덮고 있기 때문입니다. 무명은 두 악당과 한패를 이루고 있습니다.

도대체 무엇이 두 악당이겠습니까? 바로 식욕[食]과 색욕[色]입니다. 이 두 가지가 무명이 갖가지 나쁜 일을 하는 것을 돕는 것입니다. 따라서 유가(儒家)에서 말하기를 "식과 색은 성이다[食色性也]."라고 합니다. 좋은 먹을 것과 좋은 색은 자연히 일어나는 성질입니다. 우리들은 이 무명을 왜 타파하지 못하며, 번뇌를 끊지 못하며, 지혜가 나타나지 못하겠습니까? 그것은 바로 먹을 것을 탐하고, 좋은 색을 탐하기 때문입니다.

먹는 것은 욕망을 돕고, 욕망은 무명을 돕습니다. 사람이 태어나면 바로 먹을 줄 압니다. 어린아이가 태어나면 젖을 먹고, 만약 젖이 없으면 울기 시작하는데, 이것은 태어나면서부터 함께 가지고 온 것입니다. 식욕이 있은 후에는 색욕이 생깁니다. 남자는 여자를 좋아하고, 여자는 남자를 좋아하며, 서로 미혹하여 탐착하면서 놓지 못하고 간파하지 못합니다. 음식의 모든 정화(精華)가 정(精)으로 변하며, 정이 만족되면 곧 색욕이 나옵니다. 그래서 예로부터 이런 말이 있습니다.

> 배부르고 따뜻하면 음욕이 생각나고,
> 배고프고 추우면 훔치려는 마음이 일어나네.
> 飽暖思淫慾 飢寒起盜心

당신이 영양가 있는 음식을 먹으면 곧 음욕의 망상이 일어납니다. 사람은 먼저 식욕이 있게 되는데, 좋은 음식을 먹어 신체의 건강을 도우려고 합니다. 많이 먹으면 색욕이 나오고, 색욕이 생기면 생명을 돌보지 않고, 색을 탐하러 가게 됩니다. 따라서 식(食)과 색(色)은 사사로이 내통하는 것입니다. 만약 무명에게 식과 색의 도움이 없으면 그렇게 많은 수작을 부리지 못할 것입니다.

출가자는 거친 음식을 먹을수록 더 좋으며, 영양가 없는 것을 먹을수록 더 좋습니다. 그러므로 먹는 음식에 관한 문제는 그렇게 중요하게 보지 말아야 하며, 수행자는 생명을 유지할 정도로 먹으면 될 것입니다. 그래서 중도(中道)를 행하여 영양을 너무 많이 섭취하지 말아야 하며, 또한 몸을 상할 정도로 너무 적게 먹어도 안 될 것입니다.

내가 가장 탄복하는 사람은 바로 대만(臺灣)의 과일스님입니다. 과일스님은 광흠(廣欽) 노스님[02]을 가리키는 말인데, 항상 과일만 먹기 때문에 과일스님이라고 부릅니다. 과일스님은 재물을 탐하지도 않으며, 색을 탐하지도 않습니다. 사람들이 돈 봉투를 드려도 쳐다보지도 않습니다. 이것은 일반 범부들이 행할 수 있는 것이 아닙니다.

일반 사람들은 재물을 놓지 못하여 재물을 생명처럼 여깁니다. 그러나 과일스님은 재물을 매우 가볍게 보며, 돈 봉투에 얼마가 들어 있는지 보지도 않고 한쪽에 놓아두며, 아무나 가져가도 상관하지 않습니다. 그래서 스님의 제자 가운데 많은 돈을 몰래 훔쳐서 환속한 사람도 있습니다. 만약 여러분이라면 그런 일이 있은 후 돈을 잘 관리하려고 생각하겠지만, 과일스님은 여전히 관리하지도 않고 보지도 않았습니다. 이 노스님의 선정력이 얼마나 높은지 한 번 보세요.

과일스님은 단지 과일과 땅콩만 먹을 뿐 맛있는 음식은 먹지 않았습니다. 스님은 색(色)·성(聲)·향(香)·미(味)·촉(觸)·법(法)에 휘둘리

02 1892년 중국 복건성 혜안현에서 출생하였다. 집이 가난하여 진강현에서 농사를 짓는 이씨 집에 양자로 가서 9세에 양모가, 11세에 양부가 돌아가신 후 천주 승천사(承天寺)에 의탁하여 출가하였으나, 특수한 인연으로 19세에 남양군도로 가서 화교의 상점에서 점원으로 일하다가 다시 승천사로 돌아와 36세에 정식으로 출가하였다. 장좌불와하면서 일심으로 염불하여 공부에 힘을 얻은 후 43세에 깊은 산속의 동굴에서 13년간 수행한 후 54세에 승천사로 돌아왔다.
대만에 인연이 많은 것을 알고 1947년 56세 때 대만으로 건너갔다. 61세에 대북현 성복산(成福山) 위의 천연동굴[日月洞]에서 은거 수행하면서 많은 제자들을 길러냈다. 염불로 대만의 많은 불자들을 수행으로 인도하였으며, 1986년 음력 1월 5일 95세 나이로 원적하였다.

지 않았으며, 초과(初果)의 아라한을 증득하였습니다. 스님의 수행은 감응이 매우 커서 항상 대만을 보호하였습니다. 어떤 사람들은 과일스님을 알지만 스님의 덕행은 알지 못하기도 하며, 도리어 과일스님을 욕하는 스님도 있습니다. 스님은 연세가 많아 몸이 좋지 않아서 요즘은 죽만 약간 먹을 뿐입니다. 이것을 보고 어떤 사람은 스님이 타락하였다고 생각하지만, 사실은 그들의 관점이 잘못된 것입니다. 죽을 먹고 안 먹는 것은 스님의 일인데, 무엇하러 그렇게 간섭합니까?

만약 사람마다 수행하여 과일스님처럼 그렇게 탐하지 않고 물들지 않으면, 불교는 반드시 크게 발전할 것이며, 정법이 반드시 세상에 머물게 될 것입니다. 과일스님은 내가 가장 좋아하는 오래된 도반이며, 우리들은 서로 뜻이 같고 신념이 일치한다고 말할 수 있습니다.

만불성성에서 우리들이 하는 것이 모두 한결같이 옳다고 말할 수는 없습니다. 모든 것은 불법(佛法)입니다. 하지만 우리들은 가르침에 따라 받들어 행하며, 불법에 의지하여 행하기를 원합니다. 따라서 만불성성의 모든 사람은 좋은 음식을 먹고, 좋은 옷을 입고, 좋은 곳에 거주하는 것을 중요하게 여기지 않으며, 단지 사대(四大)가 거짓 화합된 신체를 유지하며 살 수 있을 정도면 될 것입니다. 우리에게 필요한 것은 법(法)이며, 무상(無上)의 법 맛[法味]입니다. 그러므로 매일 만불성성에서는 경을 강의하고 법을 설합니다.

여러분 각자는 경을 들을 때 용맹정진하여 들어야 하며, 게으름을 피우면 안 됩니다. 여러분이 경을 듣는 것은 스님께 들려 주는 것이 아니고, 자기에게 들려 주는 것입니다. 당신이 만약 자기는 무엇이든 이해한다고 느끼면 들을 필요가 없을 것입니다. 그러나 당신은 결코 무엇이든 이해하지는 못합니다.

당신이 이해하는 것은 모두 세지변총(世智辯聰: 세상의 지식에 총명한 것)이며, 이것은 정세귀(精細鬼)와 영리충(伶俐蟲)이 수작을 부리는 것입니다. 당신이 법을 배우는 것은 자기가 배우는 것이며, 스님과 다른 사람에게 배우게 하는 것이 아님을 명심해야 합니다. 세월을 헛되이 보내지 말아야 합니다. 그렇지 않으면 장래 후회해도 늦을 것입니다.

불광이 널리 비치다

불광이 널리 비친다[佛光普照]는 것은 부처님의 지혜광명이 일체 중생의 마음에 두루 비친다는 것입니다. 중생의 마음을 비춰서 탐·진·치를 모두 소멸하고, 어두움을 광명으로 변하게 하며, 팔만사천의 갖가지 습기와 잘못을 없애는 것입니다. 우리들이 불법을 배우는 것은 바로 탐·진·치를 없애는 것이며, 집착하지 않는 것입니다.

우리는 어째서 부처님의 광명을 볼 수 없겠습니까? 불법을 연구하여 지혜를 열면, 이것이 바로 부처님의 광명이 아니겠습니까? 만약 불법을 연구할수록 어리석어진다면, 진정한 불법의 도리를 이해하지 못한 것입니다. 이것은 습기와 잘못을 없애지 못하였기 때문입니다.

그러나 부처님의 광명이 두루 비치지 않는다고 말할 수는 없습니다. 자기 자신이 지혜를 열지 못하면 탐·진·치는 여전히 그대로이며, 조금도 바뀌지 않습니다. 불광(佛光)이 널리 비춰도 그 빛을 받을 수 없는 것입니다. 비침이 있는 것도 아니고, 비침이 없는 것도 아니며, 비치면서 비치지 않고, 비치지 않으면서 비추는 것입니다. 이것은 바로 자신의 지혜광명이 드러나는 것을 불광이 널리 비치는 것이라고 말하는 것이다. 자신의 지혜광명이 드러나지 않으면, 불광이 널리 비치지 않는 것입니다.

불광은 비유하면 전력회사와 같습니다. 우리가 거주하는 집에 전선과 전등의 스위치 등이 설치되면, 이미 전기가 통할 수 있습니다. 그러나 스위치를 누르지 않으면 전등은 밝아질 수 없으며, 이 집안은 영원히 어두울 것입니다. 왜 그렇겠습니까? 전기와 통하지 못하여 그 작용을 일으키지 못하기 때문입니다. 만약 스위치를 누르면 즉시 등이 밝아지면서 어두움이 없어질 것입니다.

우리 중생의 마음은 바로 스위치입니다. 마음의 스위치를 올리면 부처님의 광명이 비칠 것입니다. 만약 마음의 스위치를 올리지 않으면 불광은 비치지 못할 것입니다. 이런 비유는 비록 얕지만 비슷한 이치입니다. 여러분은 마음의 스위치를 빨리 열어서 부처님의 지혜의 빛을 받아들여 증득하기 바랍니다. 이렇게 하면 불광(佛光)이 널리 비칠 것입니다.

자성(自性)의 대광명장(大光明藏)

중생은 무시겁 이래로 생사윤회 가운데서 돌고 돌면서 생사에서 벗어나지 못하고 있습니다. 마치 먼지 하나가 하늘과 땅으로 어지럽게 날리는 것과 같습니다. 문득 인간세계로, 문득 축생으로, 그러다가 갑자기 아귀의 세계로 들어갑니다. 이것은 시작도 없고 끝도 없습니다.

성불하는 그때가 바로 윤회의 고통에서 벗어나는 때입니다. 성불하기 전에는 여전히 육도윤회 가운데 돌아다닙니다. 보살은 아직 저승과 이승의 미혹함이 남아 있으며(즉 생을 바꾸면 전생의 일을 기억하지 못하고 미혹에 빠진다), 아라한은 여전히 어머니의 태속에서 어리석어집니다. 그리고 법신(法身)대사는 인간세계에 나타나 중생을 널리 제도하지만, 어떤 때는 생사의 맹렬한 흐름에 휩쓸려 머리가 어지러워져서 어떻게 생사의 흐름을 끊어야 할지를 알지 못합니다.

'시작도 없고 마침도 없다[無始無終]'는 것은 마치 둥근 원(○)과 같습니다. 둥근 원 하나, 즉 일원상(一圓相)은 시작하는 점도 없고 또한 끝마치는 점도 없습니다. 만약 이 둥근 원[一圓相]을 끊으면 곧 일(一) 자가 되는데, 이것은 시작함이 있게 됩니다. 무엇이 시작되겠습니까? 숫자가 시작됩니다. 하나에 다시 하나를 더하면 이(二)가 되며, 다시 하나를 더하면 삼(三)이 됩니다. 계속해서 더하면 십(十)이 되고, 이어서 백(百), 천(千), 만(萬)이 됩니다. 만(萬)에서 변화하여 억(億)이 되고, 억에서 변화하여 조(兆)가 되며, 마지막에는 다함이 없는 수가 됩니다.

지금은 과학의 시대로서 하루에 천 리를 가는 세상이며, 갈수록 비약적으로 발전하고 있습니다. 로케트로 인공위성을 발사하여 우주 상공에서 쉬지 않고 궤도를 운행합니다. 이 인공위성은 다른 인공위성과 우주에서 만나기도 하는데, 이것은 모두 숫자에서 시작된 작용입니다. 숫자를 사용하여 계산한 이러한 기술은 두 인공위성이 서로 만나는 시간을 통제합니다. 이렇게 발전해 나아가면 끝마치는 때가 없을 것입니다.

언제 끝마칠 수 있겠습니까? 지금은 아직 모릅니다. 끝나는 때는 곧 성주괴공(成住壞空)의 네 겁 가운데 공겁에 이른 시기일 것입니다. 성겁(成劫)은 시작이고 공겁(空劫)은 끝마침입니다. 지구가 이루어지는데 20소겁이고, 머무는 시간도 20소겁이며, 무너지는 시간도 20소겁이며, 무너져 텅 비는 시간도 20소겁입니다. 80소겁이 1대겁(大劫)이 됩니다. 그러므로 지구의 수명은 단지 1대겁의 긴 시간입니다.

무시겁 이래로 중생에게 남자가 먼저 있었겠습니까, 아니면 여자가 먼저 생겼겠습니까? 가령 남자가 먼저 있었다면, 여자가 없는데 어떻게 남자가 있을 수 있겠습니까? 가령 여자가 먼저 생겼다면, 남자 없이 어떻게 여자가 생길 수 있겠습니까? 이것이 바로 무시(無始: 시작이 없음)이며, 어디에서 시작되었는지 알지 못합니다.

그리고 닭이 먼저이겠습니까? 아니면 계란이 먼저이겠습니까? 이 문제도 알 수 없는 도리입니다. 그럼 이런 것은 도대체 어찌된 일이겠습니까? 한마디로 말하자면, 모두 ○으로부터 나온 것입니다. 따라서 이 ○은 시작도 없고 끝도 없으며, 안도 없고 밖도 없으며, 큰 것도 아니고 작은 것도 아닙니다. 그것을 축소하면 하나의 먼지가 되고, 그것을 확대하면 하나의 법계입니다. 허공을 다하고 법계에 두루하여, 이 ○을 벗어나지 않습니다. 이 ○은 생하고 변화하는 근원이며, 시작도 없고 끝도 없는 진공묘유(眞空妙有)입니다. 이 ○은 크게 확대하면 진공이며, 작게 축소하면 묘유입니다.

진공묘유는 곧 진공불공(眞空不空: 참된 공이면서 공하지 않음)로서 묘유를 생합니다. 묘하게 있으면서[妙有] 있음[有]이 아니며, 진공을 장애하지 않습니다. 공(空)과 유(有)가 둘이 아니며, 공이면서 유이며, 유이면서 공입니다. 이것이 바로 중도요의(中道了義)이며, 또한 대승불법의 진실한 뜻입니다.

이 ○은 시작함이 없는 때가 바로 진공묘유의 경계입니다. 이 진공은 완고한 공[頑空: 공에 집착한 어리석은 공]이 아니며, 묘유는 실재한 있음[實有]이 아니라, 원융무애(圓融無礙)하여 어느 한 편으로 치우치지 않은 중도(中道)입니다. 여러분! 만약 이러한 도리를 이해하면 진실한 법을 이해하는 것입니다. 만약 이러한 법을 이해하지 못하면 어리석은 사람이며, 진정한 지혜가 없는 사람입니다.

이 ○을 깨달으면 그것은 바로 지혜의 큰 광명입니다. 만약 깨닫지 못하면 그것은 무명의 큰 어둠입니다. 무명도 이 ○이며, 지혜도 이 ○입니다. ○은 커서 바깥이 없으며, 작아서 안이 없습니다. 크게 말하자면 그것보다 더 큰 것은 없으며, 작게 말하자면 그것보다 더 작은 것은 없습니다. ○은 크게 변화하면 청정본원(清淨本源)이고, 묘진여성(妙眞如性)이며, 작게 감춰지면 최초의 한 생각인 무명(無明)입니다. 이것이 무시(無始)의 해석입니다.

중생은 왜 생사에서 윤회하겠습니까? 왜냐하면 진실한 법을 이해하지 못한 까닭입니다. 따라서 모든 부처님은 중생을 너무도 가련하게 보며 중생을 불쌍히 여기므로 대비심을 발하여 세상에 나오셔서 모든 중생이 고통을 떠나 즐거움을 얻을 수 있도록 교화합니다. 그리하여 보리심을 발하여 무상의 도를 닦습니다.

우리가 육도에서 윤회하며 과보를 받는 것은 우리 마음속에 이미 이러한 업을 지었기 때문에 비로소 이러한 과보를 받는 것입니다. 바꾸어 말하면, 이전에 천상에 가는 망상을 지었으면 곧 천상에 태어나고, 지옥의 망상을 지었으면 곧 지옥에 떨어집니다. 만약 죄업의 허물을 지었으면 삼악도에 떨어지고, 공덕의 선업을 지었으면 3가지 선도(善道: 천상, 아수라, 인간의 세계)에 태어납니다. 이것이 대략적인 상황이며, 상세하게 말하자면 미래가 다하도록 말해도 다 하지 못합니다.

이 세계는 중생의 망상으로 말미암아 만들어진 것입니다. 만약 중생에게 망상이 없으면 이 세계는 공합니다. 중생은 진여실상의 법,

진공묘유의 법을 이해하지 못하기 때문에 이 세계가 여전히 존재하는 것입니다. 진공묘유의 법은 바로 ○의 경지입니다. 세계는 ○으로부터 생하며, 중생도 ○으로부터 생합니다. 일체의 모든 것은 바로 ○으로부터 생합니다. 이 ○은 수(數)의 안에 있지 않고 수의 밖을 벗어났습니다. 그것을 펼치면 우주만물에 가득차고, 그것을 거두어들이면 정밀함에 감춰집니다. 이것은 시작과 끝이 없으며, 안과 밖이 없으며, 크고 작음이 없는 경계입니다.

이 진실법은 곧 진공묘유이며, 진공이면서 공하지 않습니다. 왜 공하지 않겠습니까? 그것은 묘유이기 때문입니다. 묘하게 존재하지만 있는 것이 아닙니다. 왜 있음이 아니겠습니까? 그것은 진공이기 때문입니다. 그래서 "진공은 묘유를 장애하지 않으며, 묘유는 진공을 장애하지 않는다."라고 하는 것입니다. 이러한 도리는 남자가 먼저 있었는가 아니면 여자가 먼저 있었는가, 또는 닭이 먼저인가 아니면 계란이 먼저인가의 문제를 해결할 수 있습니다. 이러한 풀기 어려운 문제는 ○을 사용하여 해결될 수 있으며, 모든 난제는 곧 순리적으로 저절로 풀어집니다.

왜 진공에서 묘유가 나오며, (우주만물의) 일체를 나타나게 하겠습니까? 그리고 묘유에 있으면서 진공을 떠나지 않겠습니까? 이러한 경계는 제불(諸佛)의 심인(心印)을 얻기 전에는 이해할 수 없는 것입니다. 만약 제불의 심인을 이해한다면, 이러한 진실한 법문을 이해할 수 있습니다.

이러한 진실법은 자성 가운데 본래 갖추고 있는 것이며, 밖을 향하여 구할 필요가 없습니다. 밖을 향하여 찾는다면, 팔만 대겁을 찾아도 찾을 수 없습니다. 만약 회광반조(廻光返照)하면 지금 바로 그것입니다. 그래서 "고해가 무변하나, 머리를 돌리면 피안이다[苦海無邊 回頭是岸]."라고 하는 것입니다. 간단하게 말하면, 바깥으로 구하면 곧 고해가 무변하게 되며, 안으로 향해서 찾으면, 자성에서 공부하면 곧 머리를 돌리면 피안에 도달하게 됩니다.

우리는 하루 종일 전도되어 허망한 인연을 쫓아갑니다. 육근과 육진의 경계를 따라 달려가니 진실한 묘법(妙法)을 이해하지 못하는 것입니다. 제불(諸佛)은 상적광정토(常寂光淨土)에서 결가부좌로 앉아 선정에 들어 있으며, 선정 가운데서 일체 중생을 관찰하시는데, 중생은 매우 어리석어 실로 가련합니다. 동(東)에도 서(西)에도 집착하여 고통을 즐거움으로 여기면서 미혹을 돌이켜 깨달음으로 돌아오지 못하며, 거짓을 빌어 참됨을 닦을 줄 모르며, 허망함을 돌이켜 진실함으로 돌아올 줄을 모르며, 바깥을 향하여 구하는 것을 돌이켜 자기에게서 찾을 줄을 모릅니다.

그러므로 모든 부처님께서는 자비로써 선정 가운데서 인연 있는 중생을 구할 수 있는 세계로 오셔서 잘못된 방향을 바로잡아 중생들이 마음을 돌리게 하십니다. 그러나 애석하게도 우리는 허망한 인연을 쫓아 진실법을 인식하지 못합니다. 부처님께서 노파심으로 우리를 위하여 법을 설하시며, 번거로움을 싫어하지 않으시고 우리를 교화하시지만, 우리는 말을 잘 듣지 않으니, 너무나 어리석은 일입니다. 우리는 법에 따라 수행하지 않을 뿐 아니라 도리어 뒤로 퇴전하면서 부처님의 금과옥조 같은 말씀을 듣지 않습니다. 그래서 부처님께서는 다시 방법을 생각하여 우리 앞으로 다시 오셔서 교화하기 어려운 강한 중생을 조복하십니다. 이것이 부처님께서 세상에 나오신 이유입니다.

이러한 진실법은 파괴할 수 없는 것이며, 천마외도도 파괴할 방법이 없습니다. 무엇 때문이겠습니까? 그것은 마치 금강(金剛)과 같이 견고하기 때문입니다. 만약 파괴할 수 있다면, 그것은 진실법이 아닙니다.

이러한 크게 자재하고 크게 밝은 것은 일체의 세간에 널리 두루 나타납니다. 이러한 대광명장(大光明藏)은 생사를 해탈하는 법을 가르치는 법문이며, 우리가 본래 갖추고 있는 법성(法性)의 광명을 드러내는 법문입니다.

여러분! 만약 여러분이 믿지 못한다면 시험해 볼 수 있습니다. 때가 되면 여러분은 믿지 않을 방법이 없을 것이며, 믿지 못해도 믿어야 합니다. 왜냐하면 그것은 곧 이러하기 때문이니, 믿지 않을 무슨 방법이 있겠습니까?

이 대광명장은 자기가 본래 갖추고 있는 것이며, 다른 사람이 그대에게 보시한 것이 아니며, 또한 제불이 그대에게 가피하신 것이 아니며, 그대 자신이 갖추고 있는 것입니다. 대광명장은 곧 진여실성(眞如實性: 진여의 진실한 성품)입니다. 만약 진실법을 수행하면 아뢰야식(제8식)을 대원경지(大圓鏡智)로 전환시켜 생사를 해탈할 수 있습니다. 만약 진실하게 수행하지 않으면, 아뢰야식의 종자는 인연 있는 부모를 따라 윤회할 것이며, 세세생생 쉬지 않고 영원히 생사를 마칠 때가 없을 것이니, 그러면 해탈을 얻지 못할 것입니다.

2

인과의 도리

살생의 무서운 업보

선지식 여러분! 세상에서 가장 심한 과보를 받는 악업은 살생입니다. 오늘 아침 어떤 베트남 사람이 두 아이를 나에게 데리고 왔습니다. 아이들의 몸이 좋지 않으니 도와달라고 하면서 그들이 하는 모든 일이 순조롭게 잘 되기를 원하였습니다.

두 아이는 정신이 모두 정상이 아니었습니다. 나는 아이들을 살펴보고 아이 부모에게 혹시 살생을 한 적 없는지 물었습니다. 아이의 모친은 살생한 적이 없다고 말하였지만, 대화를 나누며 알아보니 그렇지 않았습니다. 그들이 사는 집 문 앞에 큰 나무 한 그루가 있었는데 그 나무를 베었더니 뱀 두 마리가 나무 밑동의 구멍으로 들어가는 것을 보게 되었습니다. 그것을 본 부부는 그 구멍에 뜨거운 물을 부어 뱀 두 마리를 죽였다고 하였습니다.

그런 일이 있은 후, 첫째 아들은 방에 틀어박혀 나오지 않다가 며칠 후에 정신병이 걸려서 나왔습니다. 둘째 아들도 또한 그렇게 되었다고 합니다. 그 부부는 내가 그 병을 고쳐주기를 바랐습니다. 이것은 뱀을 죽인 살생의 과보 때문입니다. 그들이 얼마나 잔인한 행동을 했는지 보세요. 그렇게 독한 마음을 먹고 조금의 자비심도 없이 구멍으로 들어간 뱀을 뜨거운 물로 익혀 죽였습니다. 이 뱀 두 마리는 서로 형제였는데 죽임을 당하자 그들의 두 아들에게도 정신병이 생겼습니다.

그러므로 세상에서 가장 업력이 큰 악업이 살생입니다. 살생의 업보는 어떤 과보보다 무거우며, 서로 죽이며 보복합니다. 이러한 일은 세상에서 가장 비참한 일입니다. 살생의 과보는 서로 보복하고 나라와 나라 간의 전쟁을 일으키며, 서로 원수를 갚으면서 살생의 업을 또 짓습니다. 따라서 살생의 업은 갈수록 깊어지고 무거워지면서 서로 죽이기를 그치지 않습니다.

전에 내가 로스엔젤레스에서 6, 7세 정도 되는 아이를 만났는데, 그 아이는 말을 하지 못하고 제대로 움직일 수 없어서 아버지가 아이를 항상 안고 있어야 했습니다. 이것은 그 아이가 전생에 사냥을 많이 한 까닭입니다. 전생에 사냥꾼이었던 아이는 흰쥐 한 마리를 죽였는데, 현생에 그 흰쥐의 영혼이 매일 아이의 목을 갉아먹고 있었습니다. 그래서 아이는 말도 할 수 없고, 제대로 움직이지도 못하는 과보를 받게 된 것입니다.

그리고 홍콩에 사(謝)씨 성을 가진 사람이 있습니다. 그의 모친은 새우와 게를 즐겨 먹었는데 후에 아들을 낳고 보니 그 아들이 옆으로 기는 모양이 마치 게와 흡사했습니다. 지금 그 아이는 열 몇 살 정도 되었는데, 이러한 일도 모두 현세에 과보를 바로 받는 경우로 살생의 과보를 명확하게 설명하는 예입니다.

또한 내가 말레이시아에서 벙어리를 보았는데, 그 사람은 전생에 흑곰이었습니다. 그는 매우 총명하여 부처님께 절을 하고 불법(佛法)을 배우지만, 단지 말을 하지 못하였습니다. 그것은 그의 전생이 흑곰이었기 때문입니다. 이러한 사실은 모두 현재의 몸으로 법을 설하는 것이지만, 사람들은 여전히 믿지 못하고 함부로 살생의 업을 저지르고 있으며, 살생을 금하고 방생할 줄을 모릅니다. 우리가 세계평화를 원한다면 사람마다 오계를 지키면서 살생하지 않고, 도둑질하지 않고, 사음하지 않고, 거짓말하지 않고, 술을 마시지 않아야 합니다. 이렇게 계를 지키면 이 세계는 태평할 것입니다.

내가 이전에 홍콩 지련정사(志蓮精舍)에서 『지장경』을 강의하고 있을 때의 일입니다. 당시 지련정사에서 원주 소임을 맡은 관혜(寬慧) 스님은 허운(虛雲) 대사의 제자였습니다. 그 비구니 스님은 출가하기 전에 잡일을 하며 살았는데 문자를 배우지 못했습니다. 출가 전에 그 스님은 남의 집에서 일을 하며 닭과 오리를 사와 죽여서 요리를 하고 밥을 지었습니다. 한번은 게를 사와서 주인을 위해 요리를 하려고 준비하는데, 게가 집게발로 그녀의 가운데 손가락을 물고 놓지 않았습니다. 당시 그녀는 칼로 게의 다리를 사납게 잘라내고는 게를 죽여 삶아 먹었습니다.

그 게를 먹은 후에 어떻게 되었을지 여러분이 한번 추측해보세요. 그녀가 게에게 물린 가운데 손가락에 게 한 마리가 나타났는데, 하루 종일 참기 어려울 정도로 매우 아팠습니다. 그 후 그녀가 부용산에서 자비수참(慈悲水懺)을 7일 동안 한 뒤에 손가락의 게는 작아졌지만 여전히 통증이 있었습니다. 내가 그곳에서 『지장경』을 강의할 때 그 비구니 스님은 나에게 고통을 호소하면서 구해달라고 했습니다. 내가 게에게 귀의를 받고 삼귀의(三歸依)를 설해주자, 그 스님의 손가락에서 게의 형상이 사라지고 더 이상 아프지 않게 되었습니다.

그러므로 이러한 인과보응은 조금도 어긋나지 않으니, 우리는 절대로 살생하지 말아야 합니다. 당신이 그를 죽이면 그도 당신을 죽일 것이며, 서로 죽이기를 그칠 날이 없을 것입니다. 이것도 현세에서 바로 나타난 과보이며, 사람마다 볼 수 있는 것입니다. 우리는 이러한 일을 모두 보고도 여전히 인과보응을 믿지 않고 있습니다. 당신이 인과보응을 믿지 않다가 자기의 몸에 이러한 과보가 나타나게 되면 피하려고 해도 피할 수가 없습니다.

지금 가장 중요한 것은 이 세상에 얼마인지 알 수도 없을 정도의 수많은 어린 귀신이 있다는 사실입니다. 이러한 어린 귀신들이 왜 생겨났습니까? 바로 낙태를 너무 많이 하였기 때문입니다. 태아가 아직 사람의 형태를 갖추기도 전에 죽이니 어린 귀신이 지닌 보복심은 너무도 큽니다. 따라서 살생을 금하는 것에는 낙태를 하지 않는 것도 포함됩니다. 이러한 어린 귀신의 시달림에서 벗어나기는 더욱 쉽지 않습니다. 그런 까닭으로 옛말에 이르기를 "염라대왕은 만나기 쉽지만, 어린 귀신을 상대하기는 어렵다[閻王好見 小鬼難纏]."라고 하는 것입니다.

그러므로 여러분들은 이 점을 주의해야 하며, 지금 전 세계의 각국에서는 이러한 어린 귀신이 어른 귀신보다 더 많으며, 어른 귀신은 늙은 귀신보다 더 많습니다. 이 문제는 매우 엄중한 것입니다.

우리들은 일체중생에게 모두 불성(佛性)이 있으며 부처가 될 수 있음을 알아야 합니다. 또한 일체중생은 보살성(菩薩性)이 있어 보살이 될 수도 있으며, 연각, 아라한이 될 수도 있으며, 천상에 오를 수도 있고, 또한 아수라와 귀신, 축생이 될 수도 있으며, 지옥의 인(因)을 심어 장래 지옥에 떨어질 수도 있습니다. 그러므로 그러한 원인의 종자를 심어 그러한 과보의 열매를 맺는 것이니, 절대로 잘못되지 않아야 할 것입니다.

온 세상에 가득한 살기

사람마다 모두 원자탄 한 개, 즉 번뇌를 가지고 있는데, 기회가 되면 언제든 폭발할 것입니다. 사실 번뇌의 힘은 원자탄보다도 더 큽니다. 여러분 보세요! 지금 전 세계의 인류는 모두 성미가 대단합니다. 어느 나라의 사람이든지 간에 인성(人性)을 제대로 기르지 못해서 거의 대부분 아수라와 같은 투쟁 전문가가 되어 어떻게 싸워서 이길지를 하루종일 생각하고 있습니다. 이런 까닭으로 살기(殺氣)가 온 세상에 가득 차 있습니다. 허공에 가득한 나쁜 기운 때문에 사람들이 이상한 불치병에 걸리게 됩니다.

살생의 업으로 인한 무거운 과보로 천재와 횡화가 발생합니다. 그리하여 지진, 쓰나미(지진이나 화산 폭발로 인한 해일), 혹한(酷寒), 혹서(酷暑) 등이 발생합니다. 또한 바람과 비가 순조롭지 못하고 국가가 평안하지 못한 현상도 자주 보입니다. 그리고 보지 못하고, 듣지 못하고, 말하지 못하는 장애를 가진 사람도 모두 과거에 지은 살생의 업이 무겁기 때문입니다. 그들은 죽은 후 지옥에 떨어져 고통을 받은 후 다시 아귀, 축생, 사람으로 몸을 바꿔 태어난 것이며, 금생에 비록 사람이 되었지만, 육근이 온전하지 못한 과보를 받게 된 것입니다.

육근이 온전하지 못한 사람은 부처님을 뵙거나, 법(法)을 듣거나, 스님을 만날 기회가 없습니다. 왜냐하면 악업이 가로막기 때문입니다. 그래서 삼보(三寶)와는 인연이 없는 것입니다. 언제나 육도에 윤회하면서 벗어날 문을 찾지 못합니다.

착한 공덕을 지은 사람은 세 가지 착한 세계, 즉 하늘, 인간, 아수라 세계에 태어나며, 죄업을 지은 사람은 세 가지 악한 세계, 즉 지옥, 아귀, 축생 세계에 태어납니다. 옛 사람이 말하기를 "말의 뱃속에 들어가고, 당나귀의 태에 들어가 염라왕을 만나기를 몇 번이나 하였는가? 방금 제석의 궁전 앞을 지나왔는데, 다시 염라왕의 솥에 들어가는구나."라고 하였습니다.

사람은 반드시 세세생생 사람이 되는 것은 아니며, 어떤 때는 말이 되거나, 당나귀가 되며, 자주 염라왕의 손님이 되어 배회하기를 얼마나 하였는지 모릅니다. 방금 제석천(옥황상제)의 궁전을 지나왔는데, 얼마 지나지 않아서 다시 염라왕의 기름 솥 안으로 들어가 태워져서 검은 숯덩이가 됩니다.

어느 누구도 자기가 태어날 때마다 매번 공덕을 닦고 착한 일을 했다고 보증할 수 없습니다. 어떤 때는 흐리멍덩하여 선악을 분별하지 못하고 경계를 따라 움직여서 죄업을 짓고, 살생, 도둑질, 사음, 거짓말, 음주의 오계(五戒)를 범하게 됩니다. 오계를 범하지 않고 십선(十善)을 닦는 사람은 천상에 태어나 하늘의 복과 즐거움을 누립니다. 천상에서 가장 좋지 않은 복보라도 인간 세상의 가장 좋은 복보와 비교하면 백 배나 더 뛰어납니다. 따라서 천상에 태어나면 인간 세상에 돌아오기를 원하지 않습니다. 하늘의 복이 다하여 인간 세상에 오면 또한 큰 부자나 크게 귀한 사람이 되며, 절대로 보통의 사람은 되지 않습니다.

아수라는 투쟁하기를 좋아하는 까닭으로 단지 하늘의 복은 있어도 천상의 권세와 천상의 덕은 없습니다. 아수라는 '술이 없다[無酒]'는 뜻인데, 마실 술이 없기 때문에 마실 술을 빼앗으려고 싸웁니다. 그들은 비록 천상에 머물지만 술을 마시기 위하여 항상 제석천과 전쟁을 일으키며, 제석천의 보좌를 빼앗으려고 합니다. 따라서 아수라는 천상의 강도이며, 인간 세상의 강도는 또한 아수라의 화신입니다. 한마디로 하면, 무릇 투쟁하기를 좋아하는 자는 바로 아수라입니다.

'사랑'이라는 이름의 집착

모두 이 나무를 보십시오. 두 그루의 나무가 함께 자라 아래 위의 나뭇가지가 서로 붙어 있습니다. 이것이 무엇인지 압니까? 무량겁 이전에 두 남녀가 서로 매우 깊이 사랑하였습니다. 그들은 "하늘에서는 비익조(比翼鳥)가 되고, 땅에서는 연리지(連理枝)가 되기를 원합니다."라고 발원하였습니다. 이 두 사람은 한번 보고 정이 생겨 부부가 되었습니다. 그들은 공통으로 좋아하는 것이 있었는데, 바로 돈이었습니다. 남자는 필사적으로 돈을 벌고, 여자는 필사적으로 돈을 썼습니다. 하나가 오면 하나가 가고 매우 떠들썩하였습니다.

그러나 사랑함이 너무 깊어서 짓는 죄도 매우 무겁습니다. 세세생생(世世生生) 생사(生死)의 세계를 떠돌며 축생, 아귀, 지옥의 세계에 떨어졌습니다. 금생에는 초목이 되었습니다. 이 두 그루의 나무는 본래 두 그루이나 뜻밖에도 함께 자라 서로 얽혀 떨어지지 않습니다. 여러분 보십시오. 좌측의 뿌리에서 한 가지가 자라 우측의 뿌리를 안고 있으며, 우측의 뿌리에서 한 가지가 나와 좌측의 뿌리를 감고 있습니다. 이것은 마치 남녀가 팔로 서로 포옹하고 있는 것과 같습니다. 숙세의 어리석은 사랑의 습기(習氣)로 인하여 금생에 초목이 되었어도 놓으려고 하지 않습니다. 아울러 이 두 나무 가운데 돌멩이가 하나 있는데, 그들은 이 돌멩이를 진기한 보물로 여기고 있습니다. 도대체 이것은 무엇입니까? 원래 그 돌멩이는 전생에 그들이 은행에 저금한 통장인 것입니다.

이 나뭇가지는 몇 년 전 우리가 도시의 강변에서 설법할 때 주워온 것입니다. 보십시오. 머리도 절단되고 뿌리도 껍질이 벗겨져 단지 마른 가지만이 적나라하게 드러났지만 여전히 아교처럼 함께 얽혀 있으니, 너무도 가련하지 않습니까?

이것을 보면 사랑이 너무 깊으면 얼마나 위험한 것인지를 알 수 있습니다. 절대로 농담하는 것이 아닙니다. 어떤 사람은 이렇게 생각할 것입니다. '스님! 당신께서 하신 법문은 믿을 수가 없습니다. 근거도 없고 또한 논리에 부합되지도 않습니다. 마치 아이를 달래는 것과 같고, 꿈속의 말을 하는 것과 같습니다.' 믿고 안 믿고는 당신에게 달려 있습니다. 나도 당신이 믿게 할 방법이 없습니다.

왜냐하면 이 법은 매우 말하기 어려운 것입니다. 사람이 애정에 빠지면 당신이 어떻게든 그의 마음을 돌이키려고 해도 그는 여전히 받아들이지 않습니다. 천하에서 가장 사람을 해치는 것은 바로 애정이 깊은 것이며, 가장 고상한 것은 바로 청정한 도를 닦는 것입니다. 사람들이 모르는 것이 아니라 알면서 고의로 범하는 것입니다. 그러니 무량겁 동안 쌓아온 습기(習氣)에서 벗어나지 못하는 것입니다.

중국에 이런 속담이 있습니다. "손에 마른 똥 막대기를 잡고 있는 사람에게 삼꽃[麻花]을 주어도 그 사람은 똥 막대기와 바꾸지 않는다." 이 말은 사람들이 애정에 집착하는 것을 비유한 것입니다. 당신이 그에게 "이 더러운 물건을 버리고 도를 닦으면 얼마나 고귀한가!"라고 말하여도, 그는 여전히 고집을 꺾지 않으려 합니다. 그런 이유로 다음과 같이 말하는 것입니다.

하늘이 널리 비를 내려도
뿌리가 없는 풀은 자라게 하기 어렵고
부처님의 법문이 아무리 훌륭해도
믿지 않는 사람은 제도하기 어렵구나.
天雨雖寬 難潤無根之草 佛門雖廣 難度不信之人

이 나무토막은 내가 보관한 지 오래 되었지만 많은 사람들이 와도 보여주지 않았습니다. 왜냐하면 이런 법을 설해도 그들은 믿지 않기 때문에 때가 무르익기를 기다렸습니다. 10월 24일 여러분들이 먼 곳에서 왔기 때문에 나는 이 나무토막을 만불전으로 가져와서 3주 동안 놓아두었습니다. 그 동안 아무 설명도 하지 않았지만, 지금 이야기하지 않으면 다시 기회가 없을 것 같아서 여러분들이 믿든 믿지 않든 이 나무에 얽힌 인연을 이야기한 것입니다.

모든 병은 업장으로 인한 것

중국의 속담에 "남자 열 명 가운데 아홉은 치질을 앓고 있다[十男九痔]."는 말이 있습니다. 치질이 어떤 병인지는 모두 잘 알고 있겠지요. 치질은 항문에 생기는 병인데 항문이 찢어지는 고통은 이루 말로 다 표현할 수 없습니다. 그런데 이런 치질이 왜 생기는지 여러분은 알고 있나요?

술을 많이 마시거나, 보신 식품을 너무 많이 먹거나, 혹은 행실이 좋지 않거나 하면 치질이 생길 수 있습니다. 어떤 사람은 고름이나 피가 흘러 바지를 더럽히는 경우도 있을 것입니다.

많은 사람들이 이런 병을 앓고 있는데, 이것이 바로 지옥에서 고통을 받는 것입니다. 무슨 병이든지 막론하고 모두 업장이 발현되기 때문에 병이 생기는 것입니다. 만약 업장이 없고 죄업이 없으면 병은 생기지 않을 것입니다.

그러므로 우리는 어떤 병을 앓고 있든지 간에 마땅히 크게 참회하는 마음을 내어 자신의 죄업을 소멸시켜야 할 것입니다. 만약 당신이 눈이 열린 사람이라면 이런 치질을 앓고 있는 사람들 가운데 대다수는 지옥의 귀신이 항문에 못을 박고 있는 것을 볼 수 있을 것입니다. 그 때문에 항문에서 항상 피와 고름이 흐르며 고통스러운 것입니다.

부스럼[瘡]도 몸에 종기가 생기는 것이며, 악창[癰]도 부스럼의 일종입니다. 하지만 치질은 자라 크게 부어오르는데, 백지(白芷, 구릿대의 뿌리)가 치질을 치료할 수 있는 약입니다. 부스럼이 생기는 것은 언제나 좋지 않습니다.

이전에 내가 중국 동북지역에서 도덕회(道德會)에 나갈 때 왕봉의(王鳳儀)라는 매우 선량한 사람이 있었습니다. 이 사람은 원래 문자도 모르고 밭을 열심히 일구는 농부였습니다. 언제나 그는 다른 사람은 모두 나쁘다고 생각하였습니다. 어느 날 그의 허리에 종기가 생겼는데 온갖 약을 써도 12년 동안이나 종기를 고치지 못하였습니다. 그러던 중 그는 도덕회에서 선생들의 강의를 듣고 비로소 자신의 잘못을 알고, 하늘을 향하여 큰 참회의 마음을 내었습니다.

"저 왕봉의(王鳳儀)는 이전에 남들의 잘못만 보았고, 제 자신이 잘못된 것을 알지 못했습니다." 이렇게 참회를 하면서 하늘을 향하여 자신의 모든 잘못을 고백하였습니다. 이렇게 참회를 하고 난 후 12년 동안 치료하지 못한 악창이 곧 좋아졌습니다.

그러므로 사람이 하늘에 가득한 큰 죄라도 참회를 하면 곧 소멸됩니다. 참회하는 것이 가장 좋은 일입니다. 만약 사람이 진심으로 참회하고자 한다면, 뼈에 사무치도록 절실하게 예전의 잘못을 고쳐야 합니다. 남들이 하니까 나도 따라한다는 식으로 대충대충 하는 참회는 아무 효과가 없을 것입니다.

괴상한 병에 걸리는 원인

이번에 우리는 아시아 순방단을 조직하여 동남아시아 국가들을 방문하여 불법(佛法)을 널리 펼쳤습니다. 출발하기 전에 나는 이번 방문 기간 여러 가지 장애가 있을 것을 미리 알았습니다. 왜냐하면 내가 어떤 곳으로 가서 법을 펴려고 하면 반드시 사람들의 질투와 장애를 받았기 때문입니다. 무엇 때문이겠습니까? 내가 너무 곧고, 그들과 같이 오염되지 않기 때문에 남들의 질투를 받는 것입니다. 그러나 삿됨은 바름을 이기지 못하며, 소귀신이나 뱀귀신이 문제가 되지 않을 것을 알 수 있었습니다.

나는 불보살께서 시시각각 내가 법을 펼치는 것을 보호하고 계심을 믿고 있었습니다. 내가 가는 곳에서 비록 큰 장애를 만나더라도 그 때문에 일이 틀어지지 않았으며, 의외의 문제가 발생하지 않았고, 곳곳에서 흉함이 길함으로 변하여 무사(無事)하고 평안(平安)하였습니다. 이것은 불보살의 가피를 받고 있기 때문입니다.

내가 가는 곳에는 매일 많은 병자들이 찾아와서 병 치료를 원했습니다. 괴상한 병을 앓는 사람은 모두 업장이 깊고 중하기 때문에 병에 걸리는 것입니다. 만약 업장이 없으면 괴상한 병에 걸릴 수 없는 일입니다. 내게 도움을 구하는 사람들은 모두 괴상한 병에 걸렸는데, 의사들도 속수무책 치료 방법을 찾지 못해서 종내에는 죽고 말 병이었습니다.

괴상한 병에 걸리는 사람은 대다수가 과거생에 공짜를 탐하고 조금도 손해를 보지 않으려 하였거나, 혹은 인색함이 지나쳐 한 푼도 보시하지 않고 가난한 사람을 구제하지도 않았습니다. 오로지 자신만 생각하고 남을 배려하지 않았으며, 언제나 사사로이 자신의 이익만 챙기고 의로움을 망각하였습니다. 그런 까닭으로 나날이 업장이 무거워져 마침내 괴상한 병에 걸리게 된 것입니다.

또한 괴상한 병을 앓는 사람은 과거생에 삼보를 허물고 비방하며, 심지어 대승경전을 비방하여 지옥에 떨어져 고통을 받았으며, 지옥에서 나와서는 다시 축생으로 윤회하였습니다. 혹은 하늘을 나는 조류가 되고 혹은 땅을 기는 짐승이 되었다가, 축생의 삶을 마치고 다시 사람이 되었으나, 육근(六根)이 완전하게 갖추어지지 못하고 갖가지 결함이 생기게 됩니다. 이러한 사람은 이전에 악업을 지어 금생에 이러한 과보를 받는 것입니다.

이러한 과보를 받는 사람은 마땅히 크게 참회하는 마음을 내고, 많은 공덕을 지어야 할 것입니다. 그러나 애석하게도 그들은 그런 것을 깨닫지 못할 뿐 아니라 재물을 목숨처럼 아낍니다. 나에게 병 치료를 구하기는 하나 여전히 공짜를 탐하여 돈은 쓰지 않고 병이 치료되기를 바랍니다. 병이 나은 후에는 흔쾌히 붉은 봉투[紅包]를 봉하여 공양으로 내놓는데, 어떤 사람들은 출가자에게서 공짜를 찾으려고 생각합니다. 그들의 업장이 이렇게 무거운데 여전히 공짜를 탐하니, 얼마나 가련한 일입니까!

내가 이런 일을 여러분에게 말하는 이유가 무엇이겠습니까? 왜냐하면 여러분에게 경각심을 높이고, 신중하고 조심하게 하여 악업을 짓지 않게 하려는 것입니다. 불교를 믿는 사람은 삼보를 비방하면 안 되며, 대승경전을 비방해서도 안 됩니다. 수행하지 않으려고 의심을 한다든지, 사람을 속이는 거짓말을 해서는 안 될 것입니다. 만약 이러한 갖가지 악업을 짓는다면 장래 반드시 지옥에 떨어질 것입니다. 그때가 되면 스승이 되어 도와주려고 해도 도와줄 수 없으며, 구원할 방법이 없을 것입니다. 먼저 선언하노니, 그때가 되어 스님이 자기를 지옥에서 구제해 주지 않는다고 원망하지 않아야 할 것입니다.

육식의 해로움

2,500년 전 부처님께서 세상에 머무실 때 사람들이 채식을 주장하였지만 억지로 권하지는 않으셨습니다. 무엇 때문이겠습니까? 왜냐하면 어떤 사람들은 좋은 맛을 좋아하는데, 만약 그에게 반드시 채식을 하라고 하면, 그는 감히 출가할 마음을 내지 못할 것이기 때문입니다. 그래서 그 당시 부처님의 제자 중에는 고기를 좋아하는 이도 있었지만 부처님께서는 아무 말씀도 하지 않으셨습니다. 출가제자들은 순서에 따라 걸식을 하였는데, 맛을 탐하지 않는 사람은 사람들이 무엇을 공양하든 주는 대로 먹었으나, 입이 게걸스런 제자는 선택할 수 있었습니다.

그러면 도대체 육식과 채식은 어떤 다른 점이 있을까요? 고기를 먹으면 욕망의 마음이 많아지고, 망상이 많아지며, 쉽게 정(定)에 들지 못합니다. 고기를 먹지 않으면 욕망이 적어지고 만족함을 알며, 그렇게 망상이 많아지지 않습니다. 왜냐하면 기혈이 맑아져서 혼탁하지 않기 때문입니다. 고기 속에 함유되어 있는 탁한 기운은 오염된 물건에서 나오는 것이기 때문에 사람이 그것을 먹으면 계를 지키기가 쉽지 않으며, 지혜를 열기가 쉽지 않고, 삼매를 증득하기가 쉽지 않습니다. 계를 지키려고 생각하면 도리어 망상이 분분하게 날뛰어서 계의 조목을 제대로 지키지 못하니 선정력을 얻지 못하고 행주좌와에 모두 불안해집니다. 이미 선정을 얻을 수 없으니 진정한 지혜가 생길 수가 없습니다. 진정한 지혜가 있으면 어떠한 문제도 발생하지 않을 것입니다. 고기를 먹는 것은 어리석음의 길로 가는 것이며, 채식을 하는 것은 지혜의 길로 가는 것입니다. 다른 점은 바로 이것입니다.

진정한 지혜를 얻기를 원한다면, 욕심을 줄이고 만족함을 알아야 합니다. 돼지고기를 많이 먹으면 자신의 육신과 돼지의 몸이 합성되어 장래 돼지로 변하지 않는 것이 오히려 이상한 일입니다. 쇠고기를 많이 먹으면 소의 몸과 합성되어 하나의 회사가 되어, 그 안에 소의 인(因)과 연(緣)이 있게 되니, 내생에 소가 될 가능성이 많은 것입니다. 또한 개고기를 먹으면 개로 변하고, 쥐 고기를 먹으면 쥐로 변할 것입니다.

당신이 어떤 동물의 고기를 먹든 당신의 몸에는 그 동물의 인연이 있게 되는데, 그것이 오래되면 당신이 그 동물로 변하게 될 것입니다. 왜냐하면 당신 몸속의 기(氣)가 돼지의 기, 소의 기로 변하고, 피도 그러한 피로 변할 것이기 때문입니다. 또한 당신의 살도 그러한 살로 변할 것입니다. 지혜로운 자는 마땅히 깊이 생각해야 합니다.

업장과 참회에 관한 문답

문) 불교에서 "정해진 업은 바꿀 수 없다."라고 말하는데, 만약 악업을 짓게 되면 반드시 그 과보를 받아야 합니까?

답) 비록 정해진 업은 바꿀 수 없다고 말하지만, 불보살의 삼매 가피력에 의지하면 죄업을 소멸할 수 있습니다. 그러나 반드시 큰 참회의 마음, 진실한 마음, 용감하게 잘못을 바꾸려는 마음, 큰 신심을 내야 합니다. 하늘에 가득한 큰 죄라도 참회하면 곧 소멸됩니다. 아무리 무거운 죄업의 빚이라도 만약 진정으로 큰 보리심을 발하고, 삼보와 선지식에 대하여 큰 신심을 발하여 공(功)으로 잘못을 보충하고 착한 공덕(功德)을 많이 지으면, 당신의 재난과 병의 고통은 자연히 소멸될 것입니다.

문) 불법(佛法)을 들었지만 아직 발심하여 계를 받지 못하고 항상 살생의 죄를 짓고 있습니다. 어떻게 발심을 하여야 비로소 도심(道心)을 견고하게 할 수 있으며, 이전에 지은 살생의 죄업을 참회할 수 있습니까?

답) 이전에 심은 것은, 비유하자면 어제 죽은 것과 같고, 이후에 심을 것은 오늘 태어나는 것과 같습니다. 당신이 잘못을 고쳐 스스로를 새롭게 하는 것이 바로 첫걸음입니다.

문) 꿈속에서 지은 잘못도 참회해야 합니까?

답) 일체유심조(一切唯心造: 모든 것은 오직 마음이 짓는 것)입니다. 의념(意念: 뜻, 생각)이 바르지 못하면 참회해야 합니다.

문) 저는 이렇게 큰 죄업을 저질렀는데, 어떻게 해야 최대한 빨리 소멸할 수 있습니까?

답) 부처님 앞에서 절을 많이 하면 항하사같이 많은 죄업도 소멸될 것이니, 반드시 진실한 마음을 내어 참회해야 합니다.

문) 염불일성은 항하사같이 많은 죄업도 소멸시킨다고 합니다. 어떻게 염불해야 비로소 그러한 효과가 있습니까?

답) 전심(專心)으로 정신을 집중하여 염해야 합니다.

문) 대중을 위하여 봉사하지만 남들의 비방을 받으면, 어떻게 해야 합니까?

답) 대중을 위하여 봉사하는데 남들의 비방을 받으면, 더욱 열심히 봉사해야 합니다. 만약 남들의 비방을 받았다고 하여 봉사하지 않으면, 이것은 참된 봉사가 아닙니다.

문) 과거에 제가 만 마리가 넘는 벌레와 지렁이를 죽였습니다. 왕생주(往生呪: 발일체업장근본득생정토다라니)[03]를 얼마나 지송해야 이렇게 많은 살업을 소멸할 수 있습니까?

답) 만약 당신이 정욕을 끊으면 한 구절을 지송해도 영험이 있습니다. 당신이 욕망을 끊지 못하면 1만 구절을 지송해도 소용없을 것입니다.

문) 상인(上人)께서 수행해 온 경험에 비춰 보셨을 때, 가정이나 회사, 자녀와 같은 여러 가지 바깥 경계에 부딪혀서 마음이 초조하고 걱정이 생기고, 서로 다른 두 욕망이 충돌하거나 좌절했을 때 어떻게 조화롭게 대처해야 합니까? 저희가 따를 수 있도록 구체적으로 설명해주십시오.

답) 탐(貪)·진(瞋)·치(癡)를 없애면 좋아질 것입니다.

문) 우리가 미래에 어떻게 수행하여야 비로소 고통을 벗어나고 생사를 떠나 즐겁게 남은 생을 지낼 수 있습니까?

03 나무 아미타바야 다타가타야 다지야타 아미리도바비 아미리다 싣담바비 아미리다 비가란제 아미리다 비가란다 가미니 가가나 긷다가례 사바하

답) 당신이 번뇌를 일으키지 않으면 그것이 즐거움입니다. 당신이 즐겁지 않은 것은 바로 탐하는 마음이 있고 만족을 모르기 때문입니다.

문) 저는 이미 염불을 많이 하였는데, 어째서 여전히 업장을 소멸하지 못하고 깨달음을 얻지 못합니까?

답) 당신의 업장이 얼마나 있는지 어떻게 알 수 있습니까? 무시이래로 쌓아온 천만억 겁의 업장이 어떻게 하루아침에 소멸되겠습니까?

문) 어떻게 해야 비로소 업장을 소멸할 수 있습니까?

답) 만약 사람이 화를 내지 않으면 어떤 업장도 모두 단번에 소멸될 것입니다. 당신은 화가 나려고 할 때 먼저 잠시만 참으세요.

문) 사리(舍利)에 대하여 설명하여 주십시오.

답) 사리는 계를 지켜야 생기는 것입니다. 살생하지 않고, 훔치지 않아야 합니다. 무엇보다 중요한 것은 사음(邪淫)하지 않는 것입니다. 사음하지 않으면 자기 본래의 보배같이 귀한 물건을 잃지 않기 때문입니다.

보배같이 귀한 물건이란 무엇이겠습니까? 여러분이 모두 무엇이 자기 생명의 근본이라는 것을 알고 있을 터이니, 더 말할 필요가 없을 것입니다. 만약 당신이 사음하지 않으면, 자연히 사리의 광명이 찬란할 것이고, 다이아몬드보다 더 견고할 것입니다.

문) 어떻게 욕망을 절제합니까?

답) 당신이 욕망을 절제하기를 원한다면 애욕을 끊어야 합니다. 욕념(欲念)은 사람의 지혜를 소모시킨다는 것을 알아야 합니다. 당신에게 욕념이 없으면 당신의 지혜는 하루하루 증가할 것입니다. 당신이 욕념에 빠지면 당신의 어리석음은 하루하루 증가할 것입니다.

왜 욕망이 있게 되겠습니까? 그것은 당신이 너무 잘 먹고, 영양가 있는 음식을 많이 먹기 때문에 많은 욕망이 생기니, 당신은 욕망을 이겨낼 방법이 없습니다. 그러므로 욕념은 통제하기가 매우 어렵습니다. 욕념이 많은 사람은 고기를 많이 먹지 말아야 하고, 마늘, 양파, 부추 등을 많이 먹지 않아야 합니다. 영양가 많은 음식을 적게 먹으면 욕념은 조금씩 줄어들 것입니다.

문) 어떻게 하면 악업이 줄어들게 할 수 있습니까?

답) 착한 일을 많이 하세요.

문) 상인께 묻습니다. 불법을 배우고 어떻게 수행하여야 비로소 좋은 과위(果位)를 얻을 수 있습니까?

답) 그것은 바로 착실하고 성실하게 수행하는 것입니다. 부처님의 가르침에 따라 받들어 행할 것이며, 기회를 틈타 교묘함을 취하려고 하지 말고, 빠르게 성취하려고 하지 말고, 요행을 바라지 않아야 합니다. 가장 공평한 것이 불교입니다. 하나만큼 공(功)을 들이면 하나만큼 과(果)를 얻고, 열만큼 공을 들이면 열만큼 과를 얻게 됩니다.

문) 재가제자는 불(佛)·법(法)·승(僧)의 외삼보(外三寶)을 어떻게 공경하고 정(精)·기(氣)·신(神)의 내삼보(內三寶)를 어떻게 길러야 합니까?

답) 먼저 음욕심을 없애야 합니다. 음욕심이 담박하면 비로소 이러한 것을 논할 수 있습니다.

문) 우리는 불법을 배우면서 하루 종일 집이나 사찰에서 절을 하거나 염불하면서 불보살의 감응을 얻어 극락왕생을 구하는 것이 중요합니까, 아니면 불법을 일상생활에 응용하는 것이 중요합니까?

답) 마땅히 일상생활에서 활용하되 오염된 법이 아닌 청정한 법으로 해야 합니다. 만약 당신이 청정하여 망상도 없고 심지어 욕망도 없으면, 생활의 모든 면이 올바르게 될 것입니다. 이것이 바로 불법입니다. 당신이 매일 절을 하고 염불하여 서방극락세계를 구하면서 남들에게 크게 화를 내거나, 다른 사람과 다투거나 하는 것은 옳지 않습니다. 그렇게 행동하면 당신이 아무리 염불을 해도 서방(극락세계)에 이를 수 없으며, 부처님께 절을 해도 동방에 가지 못합니다. 왜냐하면 당신의 성미가 당신을 끌어당기고, 무명(無明)이 당신을 억누르기 때문입니다. 그러므로 당신의 결점, 무명, 품성, 번뇌, 성미를 없애려고 노력하면서 공부를 해야 비로소 진정한 수행이라고 말할 수 있습니다.

문) 저의 성미가 너무 고약하다는 것을 압니다. 제가 어떻게 해야 이 성미를 고칠 수 있습니까?

답) 만약 당신이 진실로 '다른 사람의 잘못이 곧 나의 잘못이다'

는 것을 인식한다면, 곧 화를 내지 않을 것입니다.

문) 사람은 왜 음욕심이 그렇게 두텁고 애정이 그렇게 무겁습니까?

답) 그것은 바로 업장이 무겁기 때문입니다. 만약 당신의 업장이 가벼우면 이러한 마음이 없어질 것입니다.

문) 애정은 어디에서 오는 것입니까?

답) 그것은 바로 육근(六根)에서 옵니다. 눈으로 남자는 여자를 보고, 여자는 남자를 보며 곧 오염된 마음을 냅니다. 귀로 소리를 들어도 오염된 마음을 내어 곧 좋아하게 됩니다. 그런 까닭으로 이것을 미친 도적이 된다고 말합니다. 당신이 오염된 마음을 내면 곧 날뛰는 마음을 내게 되며, 마음이 날뛰게 되면 죽어도 두렵지 않게 됩니다. '지옥에 떨어지면 떨어지지 뭐! 그렇게 많은 것을 생각해 무엇해!' 그러면서 아무것도 돌아보지 않게 됩니다.

문) 저는 깨달았습니까?

답) 당신에게 음욕심이 아직 남아 있습니까, 아니면 사라지고 없습니까?

문) 진로(塵勞: 생사를 일으키는 번뇌)는 무엇입니까?

답) 음욕이 바로 진로(塵勞)이고, 진로가 바로 음욕입니다.

문) 저는 애정이 없으면 살아갈 수 없을 것같이 느껴집니다.

답) 어떤 사람은 애정을 매우 중요하게 생각합니다. 애정이 무슨 소용이 있습니까? 모두 오염된 법일 뿐 청정한 법이 아닙니다.

낙태에 관한 문답

문) 만약 어떤 사람은 가정형편이 허락하지 않거나 다른 원인으로 인하여 부득이 낙태를 하지 않을 수 없다면, 그 과보도 마찬가지로 엄중합니까?

답) 이미 경제사정이 허락하지 않는다면 근본적으로 임신을 하지 않아야 그 다음의 귀찮은 문제가 일어나지 않을 것입니다. 자신의 가정 사정이 허락하지 않고, 그러한 능력이 안 된다면, 왜 임신한 다음에야 비로소 문제를 해결하려고 생각하는 것입니까? 일은 모두 미연에 방비를 해야 하는 것입니다. 다른 좋은 방법은 왜 생각하지 않습니까? 왜 반드시 나무로 배를 다 만들고 나서, 혹은 쌀로 밥을 다 지은 후에 밥이 다 된 것을 아는 것입니까? 해마다 필요한 것은 응당 먼저 계산해야 합니다.

문) 미혼모는 지금 사회에서 많은 문제를 초래하고 있으며, 또한 낙태도 마찬가지입니다. 스님께서는 이 문제에 대하여 어떠한 견해나 의견을 가지고 계십니까?

답) 미혼모는 영어로 'single mother'라고 하지요. 이런 일은 인성(人性)을 잃어버려서 혼인 전에 지켜야 할 규범을 지키지 않았기 때문입니다. 요즘의 청소년들은 춤추기 좋아하고, 영화보기와 노래를 좋아하는 등 이렇게 먹고 마시고 놀고 즐기기만 좋아하니 결과적으로 인성을 잃어버리게 됩니다. 인성을 잃어버리니 자기가 사람인지도 모르게 됩니다.

사람은 마땅히 사람다운 행동을 해야 하는데, 귀신과 같은 짓을 하면서 몰래 규범을 지키지 않으며, 결혼도 하지 않은 상태에서 서로 놀아보다가 결과적으로 임신하게 되는 것입니다. 이런 일을 서방국가에서는 아무렇지 않게 생각하지만, 우리 중국에서는 매우 수치스럽게 생각하는 것입니다.

이러한 모든 문제는 한 생각의 무명에서 일어납니다. 따라서 문제는 이러한 한 생각의 무명에서 일어난다. 남자가 여자를 원하고 여자가 남자를 따르는 것 모두 무명(無明) 때문입니다. 무명이 있으므로 행위가 있으며, 행위가 있으므로 명색(名色), 육입(六入), 부딪힘[觸], 받아들임[受] 등이 있게 됩니다. 이 모두는 무명으로 말미암은 것이며, 어리석음에서 기인한 것으로서 그 결과 사랑하는 마음[愛]이 있게 되고 계속해서 소유하려는 욕망[取]이 생기며, 다시 다른 문제들이 생기면서 늙고 죽는 데 이르게 됩니다. 이것이 십이인연법(十二因緣法)입니다.

이러한 십이인연법을 이해하지 못하기 때문에 (자기의 생각과는) 상반된 작용이 일어나고, 그에 따라 문제도 더욱더 커집니다. 심지어 아이가 생겼는데도 낳으려고 하지 않고 몇 개월 안에 낙태하러 갑니다.

낙태의 죄는 가장 크며, 비록 그 아기의 귀신은 작지만 그 신통은 커서 당신을 죽게 할 수도 있으며, 갖가지 이상한 병에 걸리게 하고, 원인을 알 수 없이 흐리멍덩한 정신병이 생기게도 합니다. 낙태는 성인을 죽이는 것보다 그 죄가 큽니다. 당신은 그 아기를 기르지도 못할 거면서 왜 임신을 하고 더욱이 낙태와 같은 어지러운 짓을 했습니까? 이러한 일은 남녀가 사람의 도리를 알지 못하였기 때문에 생기는 문제입니다.

이러한 문제를 해결하려면 남녀의 성행위와 임신 및 출산에 관하여 많은 교육을 해야 합니다. 성숙되지 않은 연령에서는 애정을 논하지 말아야 하며, 그렇지 않으면 큰 문제가 발생할 것이다. 그러므로 규칙을 지켜야 한다.

문) 상인께서 이번에 (미국으로) 돌아가시는데, 대만의 신도들에게 어떤 법문을 해 주시겠습니까?

답) 국가가 태평하고 세계가 평화로우려면, 남녀가 어지럽지 않는 근본의 기초가 있어야 합니다. 만약 남편이 남편답지 않고, 부인이 부인답지 않고, 자녀가 자녀답지 않으면, 천하가 어찌 어지럽지 않겠습니까? 여러분에게 권하노니, 부부의 도를 잘 지켜서 이혼하지 말 것이며, 자기의 자녀를 잘 돌보아야 가정이 화목하고, 국가도 저절로 태평해질 것입니다.

그리고 다시는 낙태하지 말기를 권합니다. 여러분 생각해 보세요! 한 생명이 아직 세상에 나오지도 못하고, 원한어린 귀신이 되어 도처에 목숨을 빼앗으려고 하는데, 사회가 어떻게 안녕하겠습니까? 이러한 어린 귀신들은 재물을 탐하지 않는 도행(道行)을 갖춘 사람이라야 비로소 천도할 수 있습니다. 어린 귀신의 성가심은 벗어나기가 어렵고도 매우 어려운 것인데, 곳곳에 죄업이 있으니 어떻게 평안할 수 있겠습니까?

문) 어떻게 해야 대만을 구제할 수 있겠습니까?

답) 낙태하지 말고, 살생하지 않아야 합니다.

문) 이전에 불법(佛法)을 배우기 전에는 낙태가 살생의 업을 범하는 것인 줄 알지 못했습니다. 어떻게 하면 구제받을 수 있을까요?

답) 공덕을 많이 짓고, 참회를 많이 하고, 염불을 많이 하세요.

문) 듣자 하니, 불교에서는 낙태가 죄업이라고 합니다. 그러나 예전에는 낙태가 죄업인 줄 알지 못했습니다. 앞으로 어떻게 하면 구제받을 수 있습니까?

답) 자기의 잘못을 바꿀 수 있으면 매우 좋습니다. 하늘에 가득 찬 큰 죄라도 참회하면 소멸시킬 수 있습니다.

문) 상인께 가르침을 청합니다. 요즘 신문이나 잡지에서 수자령(水子靈, 아기영혼)에게 공양하는 것을 자주 보게 됩니다. 도대체 아기영혼에게 공양(供養)할 필요가 있습니까, 아니면 그들을 천도(薦度)하여 왕생하게 해야 합니까?

답) 이것은 '공양(供養)'이라고 말할 수 없습니다. 왜냐하면 수자령은 부처도 아니고 법도 아니며 승도 아니기 때문입니다. 만약 당신이 그 수자령에게 공양한다면 그것은 사견(邪見)에 떨어지는 것입니다. 그러나 수자령을 천도(薦度)하는 것은 가능합니다. 천도는 공양이 아니고, 수자령이 고통을 떠나 즐거움을 얻게 하는 것입니다. 하지만 만약 수자령의 원한의 죄업이 깊다면, 그 원한을 풀어주기가 쉽지 않습니다. 왜냐하면 그것은 목숨을 빼앗은 빚이므로 목숨으로써 갚아야 하기 때문입니다. 따라서 (그 원한을) 풀어주는 것이 쉽지 않은 일입니다. 비록 풀기가 쉽지 않더라도 만약 당신이 재물을 탐하지 않는 참된 수행인을 만난다면, 수자령을 천도해줄 기회가 있을 것입니다.

문) 많은 사람들이 돈을 들여 아기영혼에게 공양하는데, 그 원한을 풀어줄 수 있습니까?

답) (그렇게 해서는) 풀어줄 수 없습니다.

문) 요즘 많은 사람들이 수자령을 빌미로 재물을 모으고 있는데, 어떤 사람들은 그렇게 생각하지 않습니다. 이러한 것에 대한 스님의 관점은 어떠합니까? 수자령은 당사자의 몸을 아프게 한다거나, 혹은 다른 방면에서 곤란한 문제를 일으킬 수 있는지요? 낙태를 한 당사자들은 두렵고 무섭기 때문에 돈을 들여서 위패를 사서 수자령에게 세우기도 합니다. 이에 대한 스승님의 생각은 어떠합니까? 수자령이 수작을 부릴 수 있는지, 또는 어떻게 그들을 조복시켜야 비로소 수자령이 편안해질 수 있습니까?

답) 위패를 세우는 것은 위패가 없는 것만 못합니다. 어떠한 것을 위패가 없다고 합니까? 근본적으로 낙태를 하지 않는 것입니다. 낙태를 하지 않는 것은 살생하지 않는 것이며, 살생하지 않으면 부질없는 짓을 면할 수 있습니다. 그래서 수자령에게 위패를 세우는 것은 근본을 버리고 지엽을 쫓은 것이며, 귀를 막고 방울을 훔치는 것과 같은 것입니다. 그렇게 한다고 천도가 되겠습니까? 그러한 원한의 빚을 해결할 수 있겠습니까? 이것은 일정하지 않은 것입니다. 따라서 나중에 후회하는 것보다는 사전에 방지하는 것이 더 낫습니다. 결혼 전에 피임약을 먹어서는 안 되며, 또한 남녀관계를 가져서도 안 될 것입니다. … 왜 기다리지 못합니까? 왜 그렇게 조급합니까? 왜 그렇게 게걸스러운 것입니까?

문) 스님께 가르침을 청합니다. 요즘 세상에는 낙태하는 많은 미혼모와 강간 등 갖가지 괴상한 현상이 많습니다. 가장들은 마땅히 자녀를 어떻게 가르쳐야, 이러한 시대에서 청소년의 신심과 생리 모두 건전한 인격으로 발전시킬 수 있겠습니까?

답) 병의 증상에 따라 약을 처방하는 것이 가장 좋습니다. 이러한 문제는 매우 간단하고 쉽게 치료할 수 있는 것입니다. 청소년은 어디서 옵니까? 청소년도 부모가 낳은 것입니다. 하지만 부모 된 사람은 부모 노릇을 하지 못하고, 아버지는 아버지답지 않고 어머니는 어머니답지 못합니다. 비록 자녀를 낳았지만 자녀를 중요하게 여기지 않으며, 쾌락을 탐하고 욕망을 좇는 것을 자기의 생활로 삼기 때문에 단지 낳기만 하고 가르칠 수 없는 것입니다.

요즘 남녀는 서구의 풍습을 좇아 마음대로 욕망을 발산하면서 마음대로 연애하고, 이성을 좇는 것이 최신 유행이 되었습니다. 일반인들은 만약 남자에게 여자 친구가 없으면 바보같이 생각하고, 여자가 결혼 전에 남자친구가 없으면 정신병이 든 사람같이 여기면서 남자친구가 없는 여자는 찾는 사람이 없습니다. 따라서 미친 듯이 욕정을 발산하여 그렇게 자녀를 낳고는, 자녀를 돌보지 않고 오직 자기만 생각합니다. 그런 후에 결혼한 지 이틀 반, 삼 일도 되지 않아 서로를 싫어하게 되고, 그래서 이혼하는 것입니다.

이혼하게 되면 태어난 자녀는 아빠가 없거나 엄마가 없게 됩니다. 미국의 법관은 판결하기를 "3일은 아빠와 같이 머물고, 4일간은 엄마와 같이 생활하라."고 합니다. 이미 이혼한 그 부부는 아들이든 딸이든 아빠에게 가면 아빠가 말하기를 "네 엄마는 너의 엄마로서는 어울리지 않으며, 좋은 여인이 아니다. 그래서 나는 그녀와 이혼하여 다른 여자를 찾는다. 너는 보아라, 나는 지금 좋은 여자 친구가 있는데, 마음씨가 매우 좋다. 너의 엄마는 가장 나쁜 여자다."라고 합니다.

그러면 그 아이는 '아, 내 엄마는 가장 나쁜 사람이구나!' 하고 생각합니다. 그 후 엄마에게 가면 엄마를 거들떠보지도 않습니다. '당신은 그렇게 나쁜데 나의 엄마가 될 자격이 없어!' 이렇게 생각하는 것은 바로 아빠의 한쪽 말만 들었기 때문입니다.

엄마가 보니 아이가 예전과 달리 변했습니다. 그래서 엄마는 방법을 생각하고는 자녀에게 말하기를 "네 아빠는 가장 나쁜 남자라서 나는 참을 수 없어서 이혼하게 되었다."라고 합니다. 자식에게 한바탕 이유를 말하자, 그 아이는 '아, 아빠도 나쁜 사람이고, 엄마도 나쁜 사람이구나. 그럼 어떻게 하지? 나도 나쁜 아이가 되는 것을 배워야겠다.'라고 생각합니다.

그래서 아이는 마약을 하게 되고, 닥치는 대로 무엇이든 하게 됩니다. 가정에도 관심이 없고, 나라에도 관심이 없고, 자신의 몸을 돌보는 것에도 관심이 없습니다. 왜냐하면 이 아이는 자기는 나쁜 종자이며, 엄마와 아빠 모두 나쁘니, 자기도 좋을 리가 없을 것이라고 생각하기 때문에 절제를 포기하고, 하지 않는 나쁜 짓이 없게 되는 것입니다.

그러면 남자는 여자에게 버림받고, 여자는 남자에게 버림받게 됩니다. 일단 버림을 받으면 각자 극단으로 달리게 됩니다. 이것은 매우 심각한 문제입니다. 이런 이유로 오늘날과 같은 상황이 조성된 것입니다.

부부가 올바른 부부가 되지 못하기 때문에 가정도 파괴되고 국가도 파괴됩니다. 가령 사람마다 맹자(孟子)의 어머니나 악비(岳飛)의 어머니처럼 자녀를 가르쳐 이름을 떨치고 어른이 되게 하면, 이 세상에는 이러한 문제아동이 없어질 것입니다. 당신의 질문에 이런 답을 하였는데, 맞는지 맞지 않는지 모르겠습니다. 만약 만족하지 못하면 별도로 고명한 분에게 청하세요.

낙태는 매우 인도적이지 못한 일입니다. 여러분 각자 생각해보세요. 아직 세상에 태어나지도 못한 아기를 죽이면 그 인과가 얼마나 크겠습니까? 여러분은 믿지 못하겠지만, 낙태된 아기가 비록 어릴지라도 그 어린 귀신은 어른 귀신보다 더 대단하다는 것을 알아야 합니다.

요즘 사람들이 많이 걸리는 암도 낙태 때문에 생긴 것입니다. 낙태하는 사람이 많으면 죽은 어린 귀신도 많은데, 그 어린 귀신이 곳곳에서 당신들에게 독을 뿌리며, 불안하게 합니다. "당신이 나를 일찍 죽게 하였으니, 나도 당신들을 편하게 쉬지 못하게 할 것이며, 나도 당신을 죽일 것이야!" 그래서 이렇게 많은 기이한 난치병과 괴상한 병이 발생하는 것입니다.

인과를 이해하고 받아들이자

사람마다 얼굴이 다르듯이 그 사람의 인과(因果)도 같지 않으며, 과거 세세생생 진 빚 또한 같지 않습니다. 어떤 사람들은 진 빚이 너무 많아서 이 세상에 와서 갚으려고 해도 다 갚을 수 없을 지경입니다. 그래서 '쌓인 빚이 너무 크다'는 것입니다. 이것은 업장이 하루하루 높아가고 깊어가며, 부채에 다시 부채를 더하여 얽혀서 맑지 못하게 된 것입니다.

이것은 무슨 까닭이겠습니까? 이전에 전문적으로 높은 이자로 돈을 빌려주고, 이자에 이자를 얹어 그 탐함을 그칠 줄 몰랐기 때문입니다. 그렇게 하는 것이 이익을 보는 것이라 생각하였지만, 결과적으로는 자기가 손해를 보는 것입니다. 즉 업장이 하루하루 갈수록 무거워져 마침내 발을 뺄 수 없는 지경까지 온 것입니다.

어떤 사람은 남의 아버지가 되는 빚을 지고, 어떤 사람은 남의 어머니가 되는 빚을 지고, 어떤 사람은 남의 아내가 되는 빚을 지고, 어떤 사람은 남의 남편이 되는 빚을 지며, 어떤 사람은 남의 아들이 되는 빚을 지고, 어떤 사람은 남의 딸이 되는 빚을 진 것입니다. 그래서 갖가지 인연들이 우리들의 금생의 운명을 안배하게 하는 것입니다.

그러나 일반 사람들은 모든 것이 전후의 인과이며, 정해진 업[定業]은 벗어나기 어렵다는 것을 이해하지 못하고 있습니다. 따라서 어떤 때는 진 빚을 인정하지 않으려고 하며, 더 나아가 빚을 아예 갚지 않으려고 합니다. 명백하게 빌린 채무를 인정하지 않는 것은 마치 도리를 무시하는 것과 같습니다.

그래서 세계 곳곳에서 갖가지 귀찮은 일들이 발생하고 있습니다. 너는 너의 성가심을 가지고 있고, 나는 나의 귀찮음을 가지고 있으며, 그는 그의 어려움을 가지고 있으면서 각자 얽혀 맑지 못하고, 선악이 서로 섞인 인과를 가지고 있는 것입니다.

우연히 불교를 만나 불법의 이치를 들으면 곧 약간 이해하게 됩니다. 그러나 오늘 이해하지만 내일이면 또 어리석어지며, 그 다음날 이해하고 싶지만 다음날 또 멍청하게 됩니다. 이와 같이 지혜로움과 어리석음이 같아지는 국면이 되어, 지혜와 우치가 평균하여 어느 것도 더 높지 않고 같아집니다. 어리석을 때는 도를 닦고 싶지 않고, 이해하게 될 때는 수행하고 싶어집니다. 그러나 수도(修道)하는 시간은 매우 적고, 어리석은 시간이 더욱 많은 것입니다.

그러므로 수행하여 얻는 것이 잃는 것에 못 미치기 때문에 지혜는 갈수록 줄어들고, 어리석음은 나날이 증가하여 무명이 발동하여 곧 어리석은 일들을 많이 저지르게 됩니다.

마음이 어리석으면 나아가 몸도 어리석어집니다. 마음속에 탐(貪)·진(瞋)·치(癡)가 있으면 몸은 곧 살생, 절도, 사음의 죄를 범하게 되는 것입니다. 이 모두 얽히고 섞인 빚을 근본적으로 깨끗하게 정리하지 못하기 때문입니다.

따라서 어떤 때는 가족들이 불화하게 됩니다. 아버지와 아들이 불화하고, 어머니와 딸이 불화하고, 남편과 아내가 불화하고, 형제가 서로 불화하고, 자매가 서로 불화하는 등 갖가지 문제가 발생합니다. 이러한 문제가 발생해도 자기는 아직 빚을 인정하지 않고 빚을 갚으려고 하지 않으며, 도리어 자기가 억울하다고 느낍니다. 사실 이 모든 것들은 전후의 인과에 따른 불변의 법칙입니다. 이전에 심은 원인에 따라 지금 열매를 맺는 것이니, 무엇을 원망하겠습니까? 그러므로 하늘을 원망할 수도 없으며, 사람을 탓할 수도 없는 것입니다.

우선 인과를 이해하여 다시는 혼탁한 인(因)을 심지 말아야 하며, 청정한 인을 심어야 할 것입니다. 옳은 길이면 나아가고 그릇된 길이면 물러나야 합니다. 다시는 선과 악이 뒤섞이게 하지 말고, 옳고 그름이 분명하지 않게 하지 않아야 합니다. 만약 검고 흰 것이 분명하고, 참됨과 거짓이 분명하면 반본환원(返本還原)할 기회가 있을 것이며, 본래 갖추고 있는 성품의 깨끗하고 밝은 본체[性淨明體]와 진여의 묘한 성품[妙眞如性]을 회복할 수 있을 것입니다.

인과 이야기

병든 여자아이의 전생

1988년 겨울 선화 상인께서는 만불성성(萬佛聖城) 법계불교대학(法界佛敎大學) 방문단을 대동하고 제3차 말레이시아 홍법 활동을 위하여 말레이시아 남부 각혜선사(覺慧禪寺)에서 신도를 접견하였습니다.

예상외로 많은 40여 명의 신도가 상인을 친견하러 왔는데, 모두 병을 앓고 있어서 상인의 가피를 구하였습니다. 그 가운데 열한 살 정도의 어린 여자아이는 말하고 뛰고 달릴 수 있었지만, 땅위를 기는 것을 좋아하였습니다. 상인은 아이를 보시더니, 이 아이는 지네가 몸을 바꿔 사람이 되었다고 하였습니다. 그 아이가 땅위를 기어가는 모습을 보니, 과연 지네가 기어가는 것과 너무나 흡사하였습니다. 상인은 이어서 그 아이의 인과를 말하기를 "이 아이의 모친은 전생에 고독사(蠱毒師: 각종 독충을 한 통에 기르면서 최후에 살아남은 독충을 길들여 부리면서 남을 해치는 사람)로서 전문적으로 고독을 놓아 사람을 해쳤다. 그래서 금생에 낳은 딸이 바로 그녀(모친)가 자주 사용한 고독, 즉 지네가 몸을 바꿔 태어난 딸이며, 그녀의 병은 치료할 방법이 없다."라고 하였습니다.

이어서 상인께서는 자비심으로 신도들에게 인과를 주의하여 세세생생 괴로움을 받지 않을 것을 당부하였습니다. 그 여자아이는 상인께서 가피를 주기 전에는 사람들을 향해 큰 소리로 "집으로 돌아갈래!"라고 하면서 소란을 피웠으나, 상인께서 아이의 머리를 주장자로 세 번을 치자 곧 조용해졌습니다. 신기하게도 그 아이는 화를 내지 않고 도리어 조용하게 미소를 지으며 상인에게 손을 흔들면서 "바이바이(拜拜: '안녕'이라는 뜻의 중국어)"라고 말했습니다. 같이 온 신도들은 원래 병으로 아픔이 있었는데, 상인께서 소란을 피우는 여자아이를 조용하게 하시는 일련의 과정을 보자 모두 아픈 것을 잊어버렸습니다.

돼지 도축자의 전생 인연

어떤 신도는 몸이 크게 부어서 상인의 가피를 받기 위하여 왔습니다. 상인께서는 자비심으로 그에게 "도살하는 칼을 내려놓으세요!"라고 하였습니다. 원래 그는 돼지 도축을 직업으로 삼고 있는 사람이었습니다. 이어서 상인께서는 그의 전생의 인연을 말하였습니다.

"당신의 전생은 돼지였는데, 금생에 사람이 된 것입니다. 전생에 당신이 돼지였을 때 사람들에게 도살되었는데, 당신을 죽인 사람이 금생에 다시 윤회하여 돼지가 되었기 때문에, 금생에 당신은 전생의 빚을 받기 위하여 돼지를 잡는 사람이 되었으며, 전생의 원한을 갚고 있는 것입니다. 그대가 만약 지금 도축하는 칼을 놓지 않으면, 금생에 죽은 후 반드시 다시 돼지가 되어 사람들에게 도살될 것입니다.

이런 까닭으로, '서로 원한을 갚으면 언제 그칠 것인가?'라고 말하는 것입니다. 당신은 즉시 도축하는 일을 그만두고 다른 직업으로 바꾸는 것이 가장 좋으며, 그러면 당신은 윤회의 고통을 면할 수 있을 것입니다. 앞으로 발심하여 착한 일을 많이 하여 당신의 잘못을 보상한다면, 당신의 병도 좋아질 것입니다."

이어서 상인께서는 그의 머리를 주장자로 세 번 쳤습니다.

앵무새의 귀의와 전생 인연

며칠 전 선화 상인의 열반 6주년 기념일이었습니다. 내가 이전 금륜사(金輪寺: 미국 로스엔젤레스 소재)에 있을 때를 회상해보니, 다음과 같은 일이 생각났습니다. 어느 날 어떤 일본 여자가 앵무새 한 마리를 데리고 상인께 귀의하러 왔습니다. 그 이전에는 사람만 귀의할 수 있지, 동물도 삼보(三寶)에 귀의할 수 있는지를 잘 몰랐습니다. 그 당시 나는 '이 앵무새는 무슨 인연으로 상인에게 귀의할까?' 하고 생각하였습니다.

그런데 생각지도 않게 상인께서는 삼귀의 의례를 다 마친 후 말씀하였습니다. "어떤 분은 이 앵무새가 무슨 인연으로 나에게 귀의하는지를 알고 싶은 모양인데, 내가 여러분에게 이야기하겠습니다. 이 앵무새는 전생에 풍수, 관상 등을 보는 선생이었습니다. 그는 수시로 거짓말을 하여 많은 사람을 속였기 때문에 죽은 후 축생도에 떨어져 앵무새가 된 것입니다. 그는 또한 아름다움을 중시하였기 때문에 금생에 털빛이 매우 아름다운 것입니다."

당시 나는 풍수와 관상을 배우고 있었고, 열심히 배워 사무실을 내고 돈을 벌어보려고 생각하고 있었습니다. 상인께서 그렇게 말씀하시니 비로소 나는 그렇게 생활하면 나도 죽은 후 축생으로 떨어질 것이 두려워 다시는 그런 실제적이지 못한 강호의 술수를 배우려고 생각하지 않았습니다.

교통사고의 숙세 인연

내가 만불성성으로 올 때 이 거사님과 항상 함께 차를 타고 옵니다. 그분은 오는 길에서 항상 나를 돌봐주었습니다. 할머니는 나이가 매우 많아서 내가 돌봐드려야 하는데 오히려 할머니가 나를 돌보는 편이라 매우 부끄럽게 생각하고 있었습니다.

어느 날 나는 큰 주방에 빵이 없는 것을 알고 산문을 나섰습니다. 상인이 정한 규칙에는 어떤 사람이든 산문을 나설 때는 한 사람을 동반해야 하는데, 그날 나는 규칙을 깜박 잊어버리고, 혼자 산문 밖의 작은 상점에 빵을 사러 나갔습니다. 그런데 생각지도 않게 이 거사가 줄곧 나를 따라 온 것입니다. 당시 저녁 6, 7시 무렵이었는데, 날씨가 어두워 나도 그분을 알아차리지 못했습니다. 내가 빵을 사고 돌아왔을 때 어떤 사람이 말하기를 "당신은 아는가? 이 거사가 당신을 따라 방금 나갔다가 차에 치어 돌아가셨다."라고 하는 게 아닙니까!

나는 그 말을 듣고 갑자기 좌불안석이 되었습니다. 그분은 아마

나를 보호하기 위하여 줄곧 나를 따라왔을 것입니다. 그러니 그분이 죽은 것은 어찌 보면 나를 대신해서 죽은 것이 아니겠습니까? 나는 그날 저녁 꿈에서 그분이 울고 있는 것을 보았습니다. 그 후에 선화 상인께서 그분과 나의 과거인연을 이야기하였습니다.

"이 거사는 전생에 장군이었는데, 8명의 부하가 전쟁에서 패하여 그에게 사죄하며 용서를 구하였습니다. 그러나 그는 부하들을 용서하지 않고 도리어 사형에 처했습니다. 그런 연유로 그들은 금생에 그녀의 가족으로 태어났으며, 그녀에게 매사 거스르고 불효하였습니다. 그녀를 차에 치어 죽게 한 운전기사는 부하 8명의 우두머리로서 이번의 차 사고는 그녀의 전생의 묵은 빚을 갚은 것입니다."

그 후 나는 이 거사를 위하여 『지장경』 몇 부를 독송하여 회향하였는데, 점차 꿈에서 그분의 울음소리가 들리지 않게 되었습니다.

3

정법의 구현

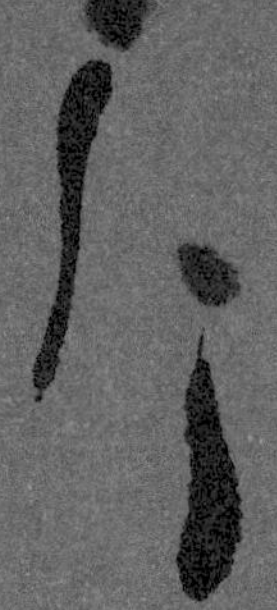

말법을 정법으로 전환시키자

선지식 여러분! 지금 여러분은 불행하게도 말법(末法)의 시대에 태어났습니다. 이 시대는 마(魔)가 강하고 법(法)이 약하며, 삿된 말이 횡행하면서 도처에 외도(外道)와 사도(邪道)가 사람을 미혹시키고 있으며, 사람들에게 무엇이 정법(正法)이고 무엇이 삿된 법인지를 모르게 하며, 마땅히 행해야 할 것이 무엇이며, 행하지 말아야 할 것이 무엇인지를 모르게 합니다.

이러한 문제를 모르기 때문에 전도되어 어떤 때는 선한 일을 행하려고 하지만 선한 가운데 악한 일이 더해지거나, 악한 일 가운데 선한 일이 더해져서 선과 악이 섞여서 분간하기 어렵게 되고 맙니다. 본래는 삼계(三界)에서 벗어나려고 생각했는데, 삿된 스승의 설법을 만나 더욱 미혹함이 깊어지게 되었으니, 이것이 우리들의 불행입니다. 하지만 우리는 또한 다행스럽게도 말법 가운데 광명을 만나 옳고 그름과 굳고 곧음을 알게 되었으며, 무엇이 정법이고 사법인지를 알게 되었습니다.

우리가 마땅히 가야할 길은 무엇이겠습니까? 우리가 마땅히 가야 할 길은 바로 대공무사(大公無私: 자신만을 위하는 사사로움을 버리고 대중을 위하는 공적인 마음)이며, 지극히 바르고 편중되지 않으며, 남을 위하는 것입니다. 우리가 마땅히 가지 않아야 할 길은 바로 자신만을 위하는 사리사욕(私利私慾)의 마음이며, 이것은 암흑이고 광명이 없는 것입니다. 그러면 우리는 이러한 길의 바름과 삿됨, 외도와 사도를 어떻게 구별해야 하겠습니까?

우리는 마땅히 『능엄경(楞嚴經)』을 배워야 하고, 능엄주(楞嚴呪)를 염송해야 합니다. 『능엄경』은 요사스러움을 비추는 거울로서 외도와 사도를 비춰서 그 모습을 숨길 수 없게 합니다. 또한 능엄주를 지송하면 천마외도를 항복시킬 수 있습니다. 그러므로 『능엄경』과 능엄주를 만날 수 있다는 것은 매우 다행스러운 일입니다.

사람마다 반드시 『능엄경』을 연구하고, 능엄주를 배워야 합니다. 정법이 세상에 머물게 하려면 모두 『능엄경』을 숙독하고 암기하며, 이해와 실천이 함께 병행되도록 해야 합니다. 이것이 바로 정법이 머물게 하는 것입니다. 우리는 말법을 정법으로 전환시켜야 합니다.

그러므로 여러분 각자는 반드시 노력하여 불법을 닦고 배우면서 정진하여 여래의 가업을 짊어져야 할 것입니다. 또한 자포자기하지 말고 불법을 널리 펴는 것을 자기의 임무로 삼아야 할 것입니다. 사람마다 반드시 바른 지견(知見)을 배우고 대지혜를 얻은 후에 중생을 교화해야 합니다. 이것이 여러분 각자가 마땅히 짊어져야 할 책임인 것입니다.

무엇을 닦아야 하는가?

만불성성의 선칠(禪七: 7일 동안 참선에 정진하는 것)은 휴식 없이 필사적으로 참선에 정진하는 것입니다. 이것은 참선 수행자의 공부가 어느 정도에 이르렀는지를 시험하는 것입니다. 모두 참된 공부로써 참선에 매진해야 비로소 진실한 경지를 증득할 수 있습니다.

선방에서 참선하는 사람은 게으름을 피우거나 요행을 바라는 마음으로 (어떤 경계를) 탐해서는 안 될 것입니다. 그렇게 하는 것은 자신을 속이는 행위임을 알아야 합니다. 그래서 "시아버지가 닦아 시아버지가 얻으며, 시어머니가 닦아 시어머니가 얻으며, 닦지 않으면 얻지 못한다."라고 하는데, 이것은 지극한 진리의 명언입니다. 어떤 사람은 공짜로 얻으려고 하는데, 실제로는 그것이 크게 손해보는 것임을 알아야 합니다. 무엇 때문이겠습니까? 보배로 가득 찬 산에 이르러 아무것도 얻지 못하고 빈손으로 돌아가면 얼마나 애석한 일입니까!

정진하는 사람은 곳곳에서 고생을 해야 하며, 시시때때로 괴로움을 참아야 하며, 절대로 작은 요행을 찾아서는 안 됩니다. 수행에 있어 요행을 탐해서는 안 되는데, 하물며 다른 일은 어떻겠습니까! 이러한 사람은 덕행 가운데 도적이며, 수행자 가운데 패배자이니, 사람의 가슴을 아프게 합니다. 이러한 사람은 발전할 수 없으며, 더욱 성취할 수 없을 것입니다.

무릇 선칠에 참가한 사람은 무량겁 이래로 모두 게으름을 피우고 성취함이 없어 오늘에 이르렀습니다. 그런데도 여전히 예전처럼 행하면, 습기(習氣)를 고치지 못하고 결점을 제거하지 못할 것입니다. 그렇게 하면 언제 생사에서 벗어나겠습니까? 아마도 너무도 멀어서 언제라고 약속할 수 없을 것입니다.

여러분은 뼈저리게 이전의 잘못을 바로잡고, 게으른 성정(性情)을 고쳐야 할 것입니다. 이렇게 좋은 도량에서 다시 노력하여 수행하지 않으면 성취할 수 없을 것이며, 나도 도울 방법이 없습니다. 여러분은 생사에서 벗어나는 법문을 열심히 잘 수행하길 바랍니다.

참선은 마치 용이 여의주를 기르는 것처럼, 고양이가 쥐를 잡는 것처럼, 닭이 알을 부화하는 것처럼 그 마음을 전일(專一)하게 하여 절대로 두 생각이 되지 않도록 힘써야 할 것입니다. 정진하는 사람은 시시각각으로 금강왕보검(金剛王寶劍: 즉 지혜의 보검)을 꺼내어 관조하면서 참선에 일념으로 정진하는지 아니면 망상을 피우고 있는지를 살펴야 합니다. 만약 망상을 피우고 있으면 즉시 그 생각을 가라앉혀 바로잡아야 할 것입니다. 이것이 "생각이 일어나는 즉시 알아차리고, 그 생각을 알아차리면 없어진다[念起卽覺 覺之卽無]."라는 것입니다.

우리들 각자에게는 모두 망상이 있지만, 망상에도 가볍고 무거움이 있습니다. 만약 망상이 없으면 진정한 지혜가 반드시 현전(現前)할 것입니다. 우리들은 무량겁 이래로 세세생생 지어온 업(業)이 같지 않기 때문에 망상도 같지 않습니다. 업이 무거우면 망상이 많고, 업이 가벼우면 망상도 적습니다. 망상은 어디에서 오겠습니까? 바로 무량겁 이래로 지어온 업에서 생겨나는 것이며, 업의 바람에 날려 망상이 일어나는 것입니다.

망상은 마치 바다와 같아서 본래 바람이 잦아들면 파도도 고요하지만, 일단 바람이 불면 파도가 치게 됩니다. 파도는 바람에서 생겨나는 것이니, 그런 까닭으로 업의 바람을 평정(平靜)해야 하는 것입니다. 업의 바람을 평정하면 망상은 곧 적어집니다.

그러면 어떻게 하면 업의 바람을 평정할 수 있겠습니까? 바로 악업을 짓지 않는 것입니다. 소위 "모든 악은 짓지 말고, 여러 선은 받들어 행하는[諸惡莫作 衆善奉行] 것입니다." 모든 망상의 파도가 일어나지 않으면 지혜는 자연히 현전하게 됩니다. 지혜가 현전하면 일체의 무명, 망상을 깨뜨려 제거할 수 있습니다. 이때 일체의 습기(習氣: 습관적으로 오랫동안 쌓아온 기운으로 형성된 행위)와 결점을 바꿀 수 있습니다.

우리는 도를 닦는데, 무엇을 닦아야 하겠습니까? 바로 습기와 결점을 바꾸는 것입니다. 습기와 결점을 바꾸지 못하면 영원히 도와 상응할 수 없습니다. 습기와 결점을 바꾸면 비로소 도와 상응하게 되고, 참됨과 합일하며 깨달음과 합일하게 됩니다. 그러므로 수행자는 시시각각 자신의 습기와 결점을 바꾸려고 노력해야 합니다.

그럼 어디에서부터 노력해야 하겠습니까? 먼저 의식주행(衣食住行)에서부터 시작해야 합니다. 입는 옷에 너무 신경을 쓰지 말고, 청결하고 단정하게 입으면 될 것입니다. 만약 아름다운 모습(외모)을 중시한다면, 습기가 제거되지 못한 것입니다. 먹는 음식에 관해서는 영양을 따질 필요가 없으며, 배가 부르면 될 것입니다. 만약 맛있는 음식을 탐한다면, 습기를 제거하지 못한 것입니다. 사는 집에 관해서는 너무 호화로운 집에 머물지 말고 비바람을 가리면 될 것입니다. 만약 편안한 집을 탐하고 편한 잠자리를 탐한다면, 그것은 습기를 없애지 못한 것입니다. 가고 오는 교통편에 관해서는 옛날에는 걸어 다녔지만, 지금은 자동차가 걷는 것을 대신하고 있습니다. 교통수단이 많이 편리해졌기 때문입니다. 그러나 고급차를 타지 않아야 할 것입니다. 만약 여전히 이러한 고급차를 타고 싶은 생각이 든다면, 습기를 제거하지 못한 것입니다.

의식주행(衣食住行)의 습기를 모두 바꿀 수 있어야, 비로소 무심도인(無心道人)이라고 할 수 있습니다. 선방에서 참선하는 사람은 모두 무심도인이며, 무심도인이 만약 (그런 곳에) 마음을 쓴다면, 그것은 잘못된 것입니다. 우리가 배워야 할 것은 무심도인이 되는 것입니다.

덕행이 근본이다

일반적으로 말하기를, "착한 사람이 한 무리라면, 악한 사람도 한 무리. 사람은 자신과 비슷한 사람을 찾는다."라고 하는데, 세상은 확실히 그러합니다. 세상 사람들은 각기 비슷한 이들과 무리를 이룹니다. 독서를 즐기는 사람은 독서를 즐기는 사람과 친구를 맺고, 농부는 농부와 친구가 됩니다. 장사하는 사람, 관리, 육체노동자들은 같은 일을 하는 사람들과 친구가 되어 서로 왕래하고 함께 모여 사이좋게 지내며 서로 돕습니다. 축생도 이와 같아서, 말은 말끼리 같이 있고, 소는 소와 함께 지내고, 양은 양과 함께, 돼지는 돼지와 함께 화목하게 지냅니다.

우리 인간은 만물의 영장으로서 지혜가 비교적 높고, 축생은 그 지혜가 비교적 낮습니다. 왜 이러한 현상이 있겠습니까? 왜냐하면 축생은 염라왕의 화학공장(윤회)의 도태(淘汰)를 거치면서 그 영성(靈性)이 나누어져서 작은 부분의, 완정(完整)하지 못한 영성으로 존재하게 되었기 때문에 축생의 지혜는 비교적 낮게 되었습니다.

어떤 사람이 묻기를 "어떻게 영성이 나누어집니까?"라고 합니다. 비유해서 설명하자면, 어떤 사람은 업장이 깊고 무거워 축생이 되었다고 합시다. 비록 축생이 되었지만 반드시 축생 중 한 마리가 되는 것이 아니고, 심지어 열 마리, 스무 마리의 축생으로 변하기도 합니다(고등한 축생은 한 마리로 바뀌지만, 저등한 축생은 여러 마리가 됩니다). 이렇게 여러 마리로 나뉘면서 지혜도 그 수만큼 여러 부분으로 쪼개지는데, 나뉘는 몸이 많을수록 지혜는 더욱 낮아집니다.

축생은 모두 탐심(貪心)이 강하고 무명(無明)이 매우 무거워 성질이 거칠며 다투기를 좋아합니다. 마치 개나 닭처럼, 같은 무리끼리 모일지라도, 서로 투쟁하는 마음이 강합니다. 닭 두 마리가 만나면 반드시 서로 싸우고, 개 두 마리가 모이면 반드시 서로 다툽니다.

무엇 때문이겠습니까? 먹이를 보면 욕심을 내는데, 그 탐심을 버리지 못하기 때문입니다. 이것은 전생에 사람이었을 때 사리사욕에 가득 찬 이기심의 습기를 제거하지 못하였기 때문에 축생이 되어서도 이러한 사리사욕의 마음이 여전히 존재하는 것입니다.

우리가 불법(佛法)을 배우는 것은 바로 사리사욕의 생각을 제거하기 위함이며, 그리하여 하는 일마다 자신의 이익을 생각하지 않고, 대중의 이익을 위해서 행해야 합니다. 또한 구하는 바가 없어야 하는데, 이른바 "사람이 구하는 바가 없으면 인품이 저절로 높아진다[人到無求品自高]"라고 하는 것이며, 일을 함에 있어 아무것도 구하지 않으면,

자연스럽게 순리를 따라 일 없음[無爲]을 행하게 되며, 다투지 않고, 탐하지 않고, 구하지 않고, 사사롭지 않고 이기적이지 않으며, 거짓말을 하지 않는(만불성성의 6대 종지) 경지에 도달하게 됩니다.

세계의 인류가 모두 이러한 사상을 가지고 있으면 반드시 평화롭게 지내면서 절대로 전쟁이 일어나지 않을 것입니다. 이러한 때에 이르면 모든 사람들은 도덕을 중시하여 덕을 해치는 일은 하지 않을 것입니다. 도덕을 중시하지 않는 사람도 덕행이 있는 일을 행하게 될 것입니다. 옛말에 이르기를, "덕이 근본이며, 재물은 지엽이다."라고 하였습니다. 사람마다 반드시 자신의 본분을 지키고 공공의 이익을 위하고 법을 지키며, 열심히 수행하여 자신의 사명을 완성해야 합니다.

자신의 탐진치를 살펴라

수행자는 자신이 어떤 경지에 올랐다고 말해서는 안 됩니다. 수행을 하다가 공중에서 어떤 사람이 말하는 것을 들으면, 그것은 그야말로 마(魔)가 붙은 것이지, 정(定)에 든 것이 아닙니다. 수행자는 다음과 같이 발원해야 합니다.

> 자성의 중생을 모두 제도할 것을 서원하며,
> 자성의 번뇌를 다 끊을 것을 서원하며,
> 자성의 법문을 다 배울 것을 서원하며,
> 자성의 불도를 다 이룰 것을 서원합니다.
> 自性衆生誓願度 自性煩惱誓願斷
> 自性法門誓願學 自性佛道誓願成

자성(自性)조차도 인식하지 못하면서 머리 위에 머리 하나를 또 얹어놓고, 어떤 신(神)이나 어떤 보살(菩薩)을 만들어내는 것은 잘못된 생각이며 어리석은 행위입니다. 수행자는 시시각각 회광반조(廻光返照)해야 하며, 바깥으로 구하지 말아야 합니다. 바깥에서는 찾을 수 없으며 자성 속에는 모든 것이 다 갖춰져 있습니다.

먼저 자신이 충분히 수행을 했는지, 충분히 공부를 했는지 스스로에게 물어야 할 것이며, 다른 것은 묻지 말고 단지 탐하는 마음이 있는지를 물어야 합니다. 만약 탐하는 마음이 있으면 수행을 제대로 한 것이 아니며, 탐하는 마음이 없으면 수행을 올바르게 한 것입니다. 탐하는 마음이 있느냐 없느냐가 가장 중요한 것입니다.

그런 다음, 자신에게 화내는 마음이 있는지를 물어야 합니다. 남들이 아무 이유 없이 당신을 때리더라도 화내지 않을 수 있습니까? 만약 당신이 화를 낸다면 공부가 부족한 것입니다. 만약 화내지 않을 수 있다면, 아집이 이미 끊어졌다고 할 수는 없으나 많이 줄었다고 할 수 있습니다. 그러므로 이렇게 공부해야 합니다. "나를 때려도 개의치 않으며, 나를 욕해도 아랑곳하지 않을 것이다." 여러분은 모두 이러한 공부를 하기 바랍니다.

만약 번뇌가 있어 화를 낸다면 그것은 수행이 부족한 것이며, 놓지 못한 것입니다. 만약 일체를 놓아버리면 무슨 번뇌가 있을 것이며, 어느 누가 장난을 칠 수 있겠습니까? 만약 번뇌가 없으면 또한 화를 내지도 않을 것이니, 이것이 수행자의 본분입니다. 화내지 않는 단계라고 해도 자신의 수행이 대단하다고 말할 수 없습니다. 단지 수행에서 막 한걸음 내디뎠을 따름입니다.

아만심(我慢心)에 빠지거나 자신이 대단하다고 생각해서는 안 됩니다. "아, 여러분! 와서 나의 수행을 보시오, 세계에서 제일입니다." 이러한 사람은 정말로 큰 아만에 빠진 사람이며, 큰 마왕입니다. 여러분은 절대로 이러한 생각을 품어서는 안 될 것입니다. 만약 이러한 생각을 품었다면 바로 삿된 지견에 떨어진 것입니다.

자신을 비춰보았을 때 어리석음이 있습니까 없습니까? 무엇이든 명료하게 이해하며 일체에 장애가 없습니까? 만약 하나를 통하여 일체를 통달하게 되더라도 그것은 수행의 시작일 뿐입니다. 나는 무엇이든 될 수 있고, 일체가 모두 원만하다고 말할 수 없으니, 그런 생각에 빠지면 아만(我慢)이 발동한 것입니다. 옛말에 이르기를, "참된 공함은 아상(我相)과 인상(人相)이 없으며, 대도(大道)에는 형상이 없다[眞空無人我 大道無形相]."라고 하였습니다. 참된 공을 얻게 되면 어디에 내가 있고 어디에 남[他]이 있겠습니까? 어떻게 오렌지 주스를 짜겠다는 망상에 빠지겠습니까? 그러한 것은 모두 삼매를 증득하지 못한 것입니다. 만약 삼매에 들어가면 감로수가 자연히 현전(現前)할 것인데, 밖에서 찾을 필요가 어디 있겠습니까? 모두 자성 가운데 있습니다.

수행자는 가면을 써서는 안 될 것입니다. 한편으로는 수행의 간판을 내걸고 다른 한편으로는 수행을 안 하면 안 됩니다. 소위 양머리를 내걸고 개고기를 파는 것처럼, 여법(如法)하지 못한 일을 저지르면서 어떻게 삼매를 얻을 수 있겠습니까? 진정으로 도를 닦는 사람이 만약 전심(專心)으로 관세음보살을 염하면 곧 삼매를 얻게 됩니다. 삼매의 경계는 아무리 추워도 춥지 않으며, 아무리 더워도 덥지 않으며, 물을 마시지 않아도 목마르지 않으며, 먹지 않아도 배고프지 않습니다. 삼매는 이렇게 이루 말할 수 없이 묘한 점이 있습니다.

수행자는 진실하게 수행하면서 몸소 힘써 실천해야 하며, 거짓된 이름을 도모해서는 안 됩니다. 수행은 참된 공부를 중요시하고 시련을 잘 견뎌야 하며, 절대로 자화자찬해서는 안 될 것입니다. 진짜인지 가짜인지는 전문가가 한번 보면 바로 알 수 있습니다.

그래서 옛말에 이르기를, "전문가는 손을 뻗어보면 곧 있는지 없는지를 안다."라고 한 것입니다. 더욱 건너온 사람(즉 깨달은 사람)이라고 사칭해서는 안 되며, 그것은 큰 거짓말을 하는 것으로서 지옥에 떨어질 죄악입니다. 또한 수행을 조금밖에 하지 않고도 만족해서는 안 됩니다. 그러한 행위는 그림속의 과자로는 배고픔을 달래지 못하는 것과 같습니다. 매실을 바라보면 비록 갈증을 잠시 그칠 수 있을지라도 단지 일시적인 효과일 뿐 실제로는 갈증을 해소하지 못합니다. 계율을 잘 지키면서 법에 따라 수행하는 것이 바른 길입니다.

출가의 목적

출가자는 반드시 출가의 기초를 잘 닦아야 합니다. 출가의 기초가 무엇이겠습니까? 바로 계율을 엄격하게 지키는 것입니다. 사분율(四分律), 사미계(沙彌戒), 비구계(比丘戒), 비구니계(比丘尼戒), 『범망경(梵網經)』 등을 모두 능숙하게 외워야 할 것이며, 연구하여 그 뜻을 이해해야 비로소 출가자가 될 자격이 있습니다.

만약 기초를 잘 닦지 않으면, 하루 종일 재물에 대한 망상이 아니면 이성(異性)에 대한 망상에 빠지게 될 것입니다. 그러면 몸은 비록 출가하였지만, 마음은 도(道)에 들어가지 못하게 될 것이며, 도와는 십만 팔천 리나 멀어질 것입니다. 이러한 출가자는 단지 불교의 변절자라고 부를 수 있을 뿐, 출가자라고 인정할 수 없을 것입니다.

출가자는 이 사람 저 사람과 반연(攀緣) 맺기를 좋아해서는 안 되며, 더욱 홀로 암자(토굴)에 머물면서 신도에게 호법이 되라고 할 수 없습니다. 혼자 신도의 공양을 받는 행위는 부처님의 제도와는 부합하지 않으니, 만약 이러한 행위를 하는 출가자가 있다면 마땅히 지금 바로 그치고 하루빨리 바로잡아야 합니다. 그래서 옛말에 이런 말이 있습니다.

> 시주의 한 톨 쌀은
> 수미산처럼 무거우니
> 그런 쌀을 먹고 수행하지 않으면
> 털과 뿔을 덮어쓰고 갚아야 하리.
> 施主一粒米 重如須彌山
> 吃了不修道 披毛戴角還

옛날에 참된 수행자는 암자(토굴)에 홀로 거주하며, 스스로 경작하면서 스스로 밥을 해먹었으며, 절대로 밖의 인연을 찾는 데 힘쓰지 않았습니다. 탐심을 제거했기 때문에 토굴에 머물면서 수행한 것입니다. 혹은 폐관(閉關)을 하는데 이것은 자신의 학문과 덕행을 충실히 닦기 위함이었습니다. 만약 진정으로 수행을 하고자 하면 홀로 머물 수는 있습니다. 그렇지만 어떤 신도의 공양도 홀로 받아서는 안 됩니다. 그렇지 않으면 정법이 말법시대로 변할 것이며, 또한 불교가 파괴될 것입니다.

요즘의 수행자는 혼자 정사(精舍)에 머물기를 좋아하는데, 무엇 때문이겠습니까? 그는 계율을 지키지 않아도 보는 사람이 없기 때문이며, 규칙을 범해도 아는 사람이 없기 때문이며, 자기 마음대로 행동

해도 통제하는 사람이 없어 자유롭기 때문입니다. 자기는 정사에 한 무리의 신도들을 초청하여 무슨 법회를 연다고 하는데, 실제로는 부처님에게 의지하여 옷을 입고 밥을 먹을 따름입니다.

어떤 출가자는 신도가 공양한 돈으로 불사(佛事)는 하지 않고, 도리어 호화로운 고급 자동차를 사서 개인 용도로 쓰고 있으며, 혹은 텔레비전을 사서 매일 각종 프로그램을 보면서 아침저녁 예불하는 것도 잊어버리고, 혹은 냉장고를 사서 그 안에 영양가가 있는 음식을 가득 보관해 두기도 합니다. 종합해서 말하면, 복을 누리는 데 탐닉하고 편안함을 도모하는 이런 풍조는 지금 크게 유행하고 있습니다. 그리하여 불교의 고행(苦行)은 완전히 변질되었으며, 정말로 석가모니 부처님의 한 조각 노파심을 저버리고 있는 것입니다.

어떤 사람은 이렇게 말할 것입니다. "이런 시대에 살아가려면 응당 텔레비전을 보면서 국제적인 뉴스도 알아야 합니다. 그렇지 않으면 맹인이나 귀머거리처럼 될 것입니다."

당신이 바깥의 일을 알면 어떻게 됩니까? 바깥의 일을 알면 때가 되어 죽지 않을 수 있습니까? 어떤 사람은 또 이렇게 말할 것입니다. "수행자가 설마 한 번 죽는 것을 면할 수 있습니까?" 당신이 수행을 해도 때가 되면 다른 사람들과 마찬가지로 죽게 될 것입니다. 그러나 죽을 때 명확하고 또렷하게 깨어 있기 때문에 절대로 마음에 걸리는 번뇌스러운 일이 없으니 편안하게 갈 수 있을 것입니다. 당신이 수행하지 않으면, 죽을 때 흐리멍덩하게 마음이 청정하지 못하여 한을 품고 죽을 것입니다. 이것이 같지 않은 점이니, 당신은 잘 이해하겠습니까?

당신에게 알려주겠습니다. 수행자는 죽을 때 오고 감에 밝아서 자기가 어떻게 왔으며, 어떻게 갈 것인지를 알고, 명료하게 본래면목(本來面目)을 잊어버리지 않습니다. 그러나 수행하지 않는 사람은 올 때도 흐리멍덩하고 갈 때도 흐리멍덩하여 한평생 어리석으니, 왜 왔으며 왜 가는지도 알지 못합니다. 또한 어디에서 왔으며 어디를 향하여 가는지 완전히 알지 못합니다.

출가의 목적은 생사를 벗어나기 위함이지, 누리기 위함이 아닙니다. 기왕 출가하여 수행을 한다면, 하필 물질적인 누림을 탐할 필요가 있겠습니까? 또한 누림을 탐하는 마음이 있다면 출가할 필요가 있겠습니까? 그러므로 누구든지 홀로 작은 암자에 머물기를 원한다면 차라리 환속하는 것이 낫습니다. 왜 이렇게 말하겠습니까? 환속하는 것은 작은 암자에 혼자 머무는 것보다는 좋기 때문이며, 죄업을 많이 짓지 않을 것이기 때문입니다. 이런 점이 중요하다는 것을 여러분 모두 주의하기 바랍니다.

수행자가 홀로 한 곳에 머무는 목적은 수행하지 않으면서 남들의 공양을 탐하기 때문입니다. 내가 이런 말을 하면 듣기 싫어하는 사람이 반드시 있을 것입니다. 그러나 듣기를 원하든 원하지 않든, 나는 불교의 앞날을 위하여 듣기 싫은 소리를 할 수밖에 없다는 것을 이해하기 바랍니다.

다시 한 번 말하지만, 무릇 누리려는 출가자는 수행에 관하여 근본적으로 논할 수 없습니다. 여러분은 서로 격려하고 경책하여 자신을 속이는 일을 하거나, 눈을 뜨고 허튼소리를 하지 않기 바랍니다.

출가자의 필독 경전

출가자가 반드시 읽어야 할 경전은 무엇이겠습니까? 바로 『화엄경(華嚴經)』, 『능엄경(楞嚴經)』, 『법화경(法華經)』입니다. 이 세 부(部)의 경전은 석가모니 부처님께서 금구(金口)로 설하신 것이며, 아난 존자가 암송한 것을 후에 패엽에 기록하여 세상에 유통되었는데, 불교도라면 필수적으로 독송해야 할 경전이 되었습니다.

만불성성의 모든 출가자와 재가자는 이 세 부의 경전을 모두 외워야 하는데, 최소한 『능엄경(楞嚴經)』은 반드시 외울 수 있어야 합니다. 그러나 경의 뜻을 이해해야 하며, 대추를 통째로 삼키듯이 두루뭉술하게 이해해서는 안 됩니다. 만약 깊은 뜻을 구하지 않으면 아무 데도 쓸 데가 없을 것입니다. 당신이 만약 이 세 부의 경전의 경지를 체득할 수 있으면 헛된 불교도가 되지 않을 것입니다.

석가모니 부처님께서는 30세에 보리수나무 아래에서 정각을 증득하셨으며, 21일 동안 선정에 들어 법신(法身) 대사들을 위하여 『대방광불화엄경(大方廣佛華嚴經)』을 설하셨습니다. 이 경전은 3장(藏) 12부(部)의 모든 경전을 포괄하고, 우주만물의 원융무애한 경계를 설명하며, 또한 바로 '하나의 참된 법계[一眞法界]'의 경계입니다.

그리고 석가모니 부처님께서 62세 때 아난 존자가 많이 듣는 것을 중시하고 수행을 소홀히 하여 불행하게도 '마등가'라는 여자의 선범천주에 홀려 계체(戒體)가 파괴되려는 위험에 빠졌기 때문에 부처님께서 '능엄주(楞嚴呪)'를 사용하여 아난 존자를 여자의 난에서 구제하셨습니다. 그래서 아난 존자를 위하여 『대불정수능엄경(大佛頂首楞嚴經)』을 설하셨습니다. 이 『능엄경(楞嚴經)』은 지혜를 여는 경이며, 불법의 이론을 명백하게 드러낸 경입니다. 이러한 도리에 따라 추론하고 넓혀 가면, 비슷한 사물이나 일에 근거하여 다른 것까지도 통하게 될 것이며, 반드시 지혜가 바다처럼 깊어질 것입니다.

또한 부처님께서 72세일 때 영산(靈山) 법화(法華) 회상(會上)에서 대아라한과 대보살들을 위하여 일불승(一佛乘)의 도리를 연설하셨는데, 이 또한 바로 성불(成佛)의 도리입니다. 당시 소승의 수행자들에게 작은 것을 버리고 큰 것을 향하게 하셨으며, 부처님의 수기를 받고 장래 성불하게 하셨습니다. 그 법회에서 이 『묘법연화경(妙法蓮華經)』을 설하셨으니, 이것은 성불하는 경전입니다.

만약 출가자가 일반인들이 독서하듯 경전을 읽는다면 3장 12부의 경전도 쉽게 외울 수 있을 것입니다. 그러나 출가한 후에 겨우 조금 독송하고 나서 이 정도면 충분하다고 생각하며 경전을 읽지 않습니다.

독경의 중요성을 소홀히 하기 때문에 세대를 내려갈수록 출가자의 자질이 떨어지며, 점점 더 게을러지는데, 이것은 불교의 불행입니다. 만약 이러한 잘못된 관념을 때맞춰 고치지 않는다면, 불교의 앞날은 상상할 수도 없을 정도로 나빠질 것입니다.

인욕은 수행의 나침반

수행의 비결은 바로 적게 먹는 것입니다. 왜 그러겠습니까? 적게 먹으면 욕망이 적게 생기며, 욕망이 적어지니 만족함을 알 수 있고[知足], 만족을 아니 항상 즐거우며[常樂], 항상 즐거우니 번뇌가 사라지게 됩니다. 번뇌가 없으니 보리(菩提: 깨달음)를 얻고, 깨달으면 해탈할 수 있으며, 해탈하면 생사에 자재(自在)하고, 지혜가 자재하며, 모든 것에 자재하게 됩니다. 이것은 수행자가 반드시 가야할 길이므로 다함께 힘써야 할 것입니다.

수행자는 인내해야 하며, 어떤 경계가 와서 시험하더라도 모두 인내로써 감수해야 하며, 이를 굳게 악물고 난관을 돌파해야 합니다. 그러면 바람이 그치고 파도가 고요해지며, 자연히 편안하게 됩니다. 일을 할 때 원하지 않은 것을 하게 되어도 인내하며 해야 합니다. 그렇게 오래도록 하면 인내하는 습관이 자연히 길러질 것입니다.

종합해서 말하자면, 무슨 일을 하든지 간에 도리(道理)에 따라 마음 편하게 할 것이며, 게으름을 피우거나 일을 대충 해서는 안 될 것입니다. 만약 '하루 스님이 되어 하루 종을 친다'는 생각을 한다면, 그것은 도에 위배되는 것이니, 그야말로 부처님의 옷을 입고 부처님의 밥을 먹으면서 세월을 헛되이 보내는 것이므로 장래성이 없을 것입니다.

나는 일생토록 인내(忍耐) 두 글자를 좌우명으로 삼아 왔습니다. 어떤 환경에서도 절대로 굽히지 않고 모든 것을 몸으로 견디어 내고 마음으로 참았습니다. 내가 중국 동북지방의 고향에서 살 때는 춥고 더움을 참아내었습니다. 가장 추운 시절 39일 동안 신발을 신지 않고 맨발로 얼음과 눈 위를 걸어 다녔으며, 발이 얼어 터지듯이 아파도 인내로써 참았으며, 한 번 참으면 곧 아프지 않았습니다. 가장 더운 삼복에는 머리가 터질듯이 눈에서 불이 나듯이 더워서 천지가 빙빙 도는 것 같았습니다. 만약 내가 보통 사람이었다면 더워서 정신을 못 차렸겠지만, 나는 아랑곳하지 않았고 단지 잠시 앉아서 쉬면 좋아졌습니다. 나는 인내 두 글자를 법보(法寶)로 삼아 모든 곤란과 추위, 더위, 비바람, 기갈을 극복하였으며, 모든 것을 참아내고 절대로 백기를 들어 항복하지 않았습니다.

나는 출가하고 나서도 오로지 인욕법문을 닦았습니다. 만약 어떤 사람이 나를 욕하더라도 듣지 않은 것과 같이 하거나, 혹은 그가 노래를 부르는 것으로 여기면 자연히 평안무사하였습니다. 만약 어떤 사람이 나를 때리더라도 절대로 맞서 대응하지 않고 평화로운 마음으로 받아들였습니다. 새벽 예불할 때는 단잠을 자는 가운데 목탁소리가 들리면 즉시 일어나 양치질하고 세수하고는 곧 불전에 가서 기다렸으며, 매번 5분전에 먼저 도착하였으며 단 한 번도 늦은 적이 없었습니다.

나는 출가한 후부터 지금까지 인내로써 일을 하였습니다. 내가 외부에서 참학(參學)할 때는 아침저녁 예불할 때나, 경을 강의하거나 설법하거나, 설법을 듣거나 할 때마다 단 1분이라도 늦은 적이 없었으며, 모두 먼저 도착하였습니다. 이것은 내가 과거에 지내온 모습입니다. 오늘 여러분들에게 이런 말하는 것은 내가 직접 몸으로 법을 설하는 것입니다.

참된 수행을 하려면 게을러서는 안 될 것이며, 일을 하는 데 있어서는 먼저 하려고 다투고, 인내심이 없어서는 안 됩니다. 아무리 참기 힘든 것이라도 참아야 하며, 아무리 받아들이기 어려운 것도 받아들여야 합니다. 모든 것을 참고 견뎌 내는 것이 바로 수행자의 나침반입니다. 더욱이 배우는 단계에서는 더욱 참고 견뎌야 합니다. 비록 실제로 참기 어려운 것이라도 여전히 인내해야 합니다. 그래서 이렇게 말합니다.

> 참으면 즉시 바람이 그치고 파도가 고요해지며
> 한발 물러서면 바다가 넓어지고 하늘이 텅 비네.
> 忍片刻風平浪靜
> 退一步海闊天空

함부로 화를 내서는 안 될 것이니, 무명(無明)의 불[火]은 공덕의 숲을 태운다는 것을 알아야 합니다. 이것은 지극히 고귀한 명언이며,

경험에서 나온 말이기도 합니다. 그러므로 기억하고 기억해야 합니다! 삼가 '간의 불[肝火]'을 건드려서는 안 됩니다.

여러분! 함부로 화를 내지 말아야 합니다. 이렇게 해도 맞지 않고 저렇게 해도 맞지 않습니다. 그러므로 어떤 것이 눈에 거슬려도, 세상의 일이 모두 자기의 뜻에 맞지 않아도, 한발 물러나 생각하면서 참고 또 참아야 합니다. 한 번 참으면 만사(萬事)가 평안해지며, 어떤 귀찮음도 없을 것입니다. 우리 수행자들은 모든 것을 성실하게 하면서 게으름을 피우거나 방일하지 말고, 도량의 규칙을 엄격하게 따라야 합니다. 만약 매일 와서 경을 듣고 결석하지 않더라도 다른 일은 대충대충 한다면, 이러한 생각은 잘못된 것입니다. 불전에 공양을 올리거나 아침저녁 예불이나 법회에서는 불전에 일찍 가서 기다려야 장래 얻을 과보가 원만해질 수 있습니다. 그렇지 않고 매번 늦게 도착하면 장래 깨달음의 기회를 잃게 될 것입니다. 무릇 어떤 일을 하든지 간에 한발 늦게 오면, 얻을 공덕도 원만하지 못할 것입니다.

우리 수행자는 자기가 자신에게 도리를 설명하지 말고, 자기가 자신의 변호사가 되지 않아야 할 것입니다. "이와 같은 원인을 지어, 이와 같은 과보를 얻는다."라는 말이 있습니다. 착한 원인을 심으면 착한 과보를 얻게 되며, 나쁜 원인을 심으면 나쁜 과보를 얻게 되는 것은 천지의 정해진 법칙입니다.

원만한 인을 심으면 곧 원만한 과를 맺을 것이며, 절반[半]의 인을 심으면 절반의 열매를 맺을 것입니다. 여러분은 이 점을 진정으로 이해해야 할 것이며, 마이동풍(馬耳東風)하듯 여겨서는 안 될 것입니다.

말법의 겁운(劫運)을 만회하려면

모든 유위의 법은
꿈, 환상, 거품, 그림자와 같으며
이슬과 같고 또한 번개와 같으니
응당 이와 같이 관해야 하네.
一切有爲法 如夢幻泡影
如露亦如電 應作如是觀

함이 있고, 나타남[表現]이 있으며, 형상이 있는 일체의 법은 세간법(世間法)입니다. 세간의 모든 것은 유위법(有爲法)이라고 하는데, 유위법의 반대는 무위법(無爲法)입니다. 무위법은 꿈, 환상, 거품, 그림자와 같지 않으며, 또한 이슬이나 번개와도 같지 않습니다. 유위법은 궁극의 법이 아니며, 철저한 것이 아니며, 무상한 것입니다.

그러나 무위법은 일어나고 멸함이 없으며, 시작도 없고 끝도 없습니다. 그것은 형상도 없고 나타낼 방법도 없습니다. 무위법은 함이 없고 하지 않음도 없어 큰 조화(造化)를 부리는데, 이러한 무위의 법은 수행하기가 쉽지 않고, 이해하기도 쉽지 않습니다.

일반인은 유위의 법에 집착하여 세간법에 미련을 버리지 못합니다. 따라서 아침부터 저녁까지 명예와 이익을 추구하면서 망망한 업의 바다에서 파도를 따라 오르고 내립니다. 그러나 한 번 조심하지 않으면 업의 바람에 날려 어디로 떨어졌는지 종적을 알 수 없게 됩니다. 지구 위에 인류가 이토록 많지만 축생들도 적지 않으며, 지옥과 아귀의 중생은 더욱 많습니다. 그러므로 인간 세상에서 사는 것도 쉽지 않은 일입니다. 업의 바다에서 오르락내리락하기 때문에 머리가 어지럽고 동서남북을 분간하지 못하게 됩니다.

우리는 지금 말법시대(末法時代)에 살고 있는데, 이른바 말법(末法)이라는 것은 불법이 곧 없어지려는 것을 말합니다. 이미 말단, 끝에 이르러 사람마다 근본의 법을 잊어버리고, 지엽적이고 피상적인 것을 추구합니다. 그러나 추구하면 할수록 더욱 진리를 찾지 못하게 됩니다. 진리를 찾지 못하니 한 물건을 잡으려고 하는데, 바로 유위법을 잡으려는 것입니다. 그러나 무위법은 근본적으로 알지 못하고, 이름조차도 잊어버렸으니, 그래서 말법이 된 것입니다.

하지만 불교가 말법(末法)이듯이 여타의 다른 종교도 말법의 길로 가고 있습니다. 천주교는 1963년부터 많은 전도사들이 규칙을 지키지 않으며, 수녀와 신부, 목사도 변하였습니다. 불교도 이와 같이 시대를 따라 변하는데, 한번 변하자 말법시대로 변한 것입니다. 그런 까닭으로, 나는 "세계가 말법에 이르자 모든 종교인들이 전부 책임을 저버리고 있다."라고 말하고 있습니다.

지금 사회의 교육도 마찬가지입니다. 예전에 교육계에 종사하였던 사람들과 달리 단지 교육을 위한 교육을 하고 있으며, 청소년을 사회의 동량으로 만들지 못하고 있습니다. 옛날의 학자들은 전전긍긍하면서 어떻게 하면 동량이 될 인재를 키워내 사회의 풍속을 바꾸고 세계를 개조할지를 연구하였습니다. 이것이 옛날 학자가 일하는 풍조와 정신이었습니다.

그러나 지금의 학자와 교수는 청소년에게 어떻게 하면 명예와 이익을 얻는지를 가르치고 있습니다. 이전에는 도리를 알기 위하여, 즉 격물(格物), 치지(致知), 정심(正心), 성의(誠意), 수신(修身), 제가(齊家), 치국(治國), 평천하(平天下)의 8개 항목을 통하여 청년들에게 정당한 사상을 배양하고 양호한 인품과 덕행을 닦게 하였습니다. 그런데 지금은 지식만 가르치면서 인성교육에는 소홀하고 있으므로 사회는 나날이 이전보다 못하게 변하고 있습니다. 더욱이 요즘 텔레비전에서 방송하는 프로그램은 사람을 전도되게 하고 하류(下流)로 몰아가고 있습니다.

이러한 점으로 살펴보면, 인심은 순박하지 못하고 도덕이 황폐하게 된 것은 이러한 원인 때문임을 알 수 있습니다. 청년이 바로 서지 못하고 선정력(禪定力)이 없는 것은 한 가지 원인 때문이 아니고 여러 가지 원인 때문입니다. 참으로 슬픈 일입니다. 따라서 모든 종교인과 교육계 인사는 하루 빨리 이러한 행위와 생각을 바꾸어야 할 것입니다. 이러한 풍조는 아마도 만회할 기회가 있을 것입니다. 만약 계속 이대로 나아가면서 개선하지 않으면 세계의 종말이 곧 임박하게 될 것입니다.

그러면 만회할 방법이 있겠습니까? 있습니다. 사람이 마음을 바꾸면 모든 것이 바뀔 것이기 때문입니다. 인심이 좋아지면 세계도 좋아지며, 인심이 나빠지면 세계도 나빠지며, 종말에 이르게 될 것입니다. 만약 말법을 바꾸려면 사람마다 정신을 차려서 광풍이 불고 폭우가 내리는 가운데서 사람을 구해야 합니다. 이것은 결코 자신의 생명을 포기하고 남을 구하라는 것이 아니라, 광풍과 폭우를 멈추게 하는 것입니다.

여러분, 보십시오! 세계 도처에서 천재와 횡화, 수재, 풍재, 화재, 전쟁 등이 발생하고 있습니다. 이러한 큰 재난으로 사망하는 사람은 셀 수 없이 많습니다. 그러므로 비행기 조난, 열차 사고, 자동차 사고 등등의 작은 재난으로 얼마나 많은 사람이 죽는지 알 수 없습니다. 이러한 각종 재난이 발생하는 것은 모두 사람의 마음에서 나온 나쁜 기운이 만든 것이며, 도덕이 없기 때문에 일어나는 것입니다. 하지만 사람들은 여전히 깨닫지 못하며, 책임을 지지 않고 또한 그 책임을 남에게 전가하려고 합니다. 세상이 좋지 못한 것은 내가 잘못하기 때문이라고 회광반조하는 사람이 없으므로 세상은 나날이 나빠지고 나날이 이전보다 못하게 됩니다.

다행한 것은 이러한 말법의 운을 바꿀 방법이 있다는 것입니다. 이것은 힘도 많이 들지 않고 또 돈도 많이 들지 않습니다. 바로 세계의 모든 사람이 다른 중생의 고기를 먹지 않고 채식하며, 살생을 금하고 방생(放生)하는 것입니다. 이와 같이 하면 전 세계의 재난은 무형 중에 소멸될 것이므로 채식은 매우 중요합니다. 이러한 재난은 모두 살생으로 인한 원한의 기운이 맺혀서 우주에 충만하기 때문에 일어난 것입니다. 사람마다 살생을 금하고 방생하며, 일체의 육류를 먹지 않으면, 사람의 폭력적인 생각은 곧 소멸할 것입니다.

사람들은 왜 그렇게 폭력적이고 성미가 거칠까요? 바로 고기를 먹기 때문입니다. 고기를 먹으면 욕망이 증가하며, 사람에게 진한심(瞋恨心)을 내게 하고 자비심이 사라지게 합니다. 그러므로 전 세계에서 재난을 없애려면 하루빨리 살생을 금지하고 방생하며, 다른 중생의 고기를 먹지 말아야 합니다. 그렇게 하면 말법의 겁운이 도래하는 것을 만회할 수 있을 것입니다.

정법을 보호하려면 능엄경을 독송하라

우리는 말법시대에 태어나 부처님으로부터 멀어졌으나, 불법은 아직 멸하지 않았으므로 모두 불법에 따라 수행하면, 깨달음을 열고 과위를 증득할 희망은 아직 있습니다. 출가자의 몸이 되었으면 반드시 일관된 종지(宗旨)를 지키며, 무리한 일을 당하더라도 백절불굴의 정신을 지녀야 할 것입니다. 누가 우리의 종지를 파괴하러 와도 동요되지 않아야 합니다. 단지 자신이 행하고 짓는 것이 광명정대한 길임을 명확하게 인식하고 용맹하게 앞으로 나아가야 합니다.

말법시대에 일체의 천마외도와 이매망량(魑魅魍魎: 도깨비와 잡된 귀신), 요괴들이 가장 두려워하는 것이 능엄주(楞嚴呪)입니다. 능엄주는 삿됨을 깨뜨리고 바름을 드러내는 신령스런 다라니[神呪]이며, 『능엄경』은 능엄주를 설하기 위한 경으로 불교의 골수(骨髓)입니다. 만약 사람에게 골수가 없으면 반드시 죽고 말 것이며, 불교에 『능엄경』이 없으면 또한 불법이 없다고 말할 수 있습니다.

그러므로 이러한 말법시대에 정법(正法)을 보호하고 유지할 수 있는 가장 좋은 방법은 『능엄경』을 외우고, 능엄주를 더욱 열심히 외우는 것입니다. 외울 수 있고, 유창하게 독송할 수 있으면 경의 묘한 뜻을 최대한 발휘할 수 있으며, 사람들에게 상세하게 설명할 수 있을 것입니다.

세상에 만약 능엄주가 없으면, 요마귀괴(妖魔鬼怪)는 방자하고 거리낌 없이 세상에서 온갖 나쁜 짓을 할 것입니다. 그러나 세상에 능엄주가 있으면 방문외도(旁門外道: 정통이 아닌 이단으로 수행하는 외도)와 이매망량, 요괴 등은 모두 두려워하면서 감히 세상에 공공연히 나타나지 못할 것입니다. 세상에 능엄주가 없으면 요마귀괴들의 세상이 될 것입니다.

요즘 사람의 사상과 행위는 이상하여 금수(禽獸)보다도 못합니다. 이것은 요마귀괴가 세상에 창궐하여 세상 사람을 미혹시키기 때문에 사람들에게 근본 지혜를 잃게 하고 무감각하게 하여, 그 행위가 소나 말보다도 못하게 만들기 때문입니다. 이 또한 『능엄경』을 독송하고 능엄주를 지송하는 사람이 갈수록 적어지기 때문에 천마외도가 창궐하고 제멋대로 행동하는 것입니다.

그러나 만불성성은 서방 불법의 발원지이며, 세계에서 참된 수행자의 정화(精華)가 모이는 곳이기 때문에 만불성성은 요마귀괴가 활동할 수 없는 곳으로서 그들은 머물지 못합니다. 어떤 사람들이 만불성성에 머물지 못하는 것은 모두 그들의 덕행이 부족하거나, 사상이 삿되거나 해서 그들의 원래 모습이 드러나기 때문에 머물지 못하는 것입니다.

우리는 『능엄경』과 능엄주에 대하여 명확하게 인식해야 합니다.

어떤 주(呪)도 능엄주보다 더 신령한 것은 없으며, 어떤 경전의 글도 『능엄경』보다 더 참된 것은 없습니다. 천마외도와 일체 중생의 결점을 상세하게 천명하고 있습니다. 만약 능엄주가 없으면 불법은 없어질 것이며, 『능엄경』이 없으면 정법이 소멸할 것입니다.

여러분은 불법을 보호하기 위하여 반드시 『능엄경』을 능숙하게 독송해서 언제 어디서나 강의할 수 있어야 할 것이며, 그렇게 되어야 비로소 참된 불제자가 될 것이며, 출가한 것이 헛되지 않을 것입니다.

그러므로 여러분 모두는 『능엄경』을 가짜라고 주장하는 학자, 교수, 대법사들의 엉터리 이론에 절대로 현혹되지 말아야 합니다. 그들은 도대체 무슨 근거로 『능엄경』을 가짜라고 하겠습니까? 근본적으로 눈을 뜨지 못하고 함부로 말을 하는 것이며, 사견과 아만이 미쳐 날뛰는 것으로서 장래 받을 과보를 상상할 수 없을 것입니다.

그리고 여러분에게 드릴 말씀이 있습니다. 다른 도량의 가풍은 어떠한지 모르겠지만, 만약 만불성성에서 출가하려고 하면 최소한 대학 졸업 정도의 학력이 있어야 합니다. 만약 이미 다른 대학을 졸업하였다면, 다시 만불성성의 승가훈련반에서 3년 동안 엄격한 과정을 거쳐야 비로소 구족계를 받을 자격을 받아 비구나 비구니가 될 수 있습니다. 이 시대의 출가자는 반드시 남들보다 뛰어나고 특별히 좋은 교육을 받아야 비로소 법기(法器)를 이룰 수 있습니다.

만약 문자도 모르고 종일 반연이나 구하면서 불교 안에서 헛되이 세월을 보내고 밥만 축낸다면, 고상하지 못하고 청정하지 못하며, 계를 범하는 행위를 짓게 됩니다. 그러한 사문이 어떻게 불교를 빛낼 수 있겠습니까? 어떻게 사람들에게 삼보에 대한 존경심을 내게 할 수 있겠습니까?

그래서 사문의 자질을 높이기 위하여 지금부터 만불성성으로 출가하러 오는 사람은 남녀노소를 막론하고 먼저 대학을 졸업해야 하며, 또한 『능엄경』과 능엄주를 외울 수 있어야 비로소 가능합니다. 그 밖에 출가한 대중의 본분은 마땅히 사미계, 53개의 작은 주(呪), 『범망경』 보살계, 사분율(四分律: 비구계, 비구니계)을 숙독해야 하며, 또한 외울 수 있어야 합니다.

종전에는 이 도량에 출가하는 것은 지금보다는 그렇게 엄격하지 않았지만, 하지만 나는 줄곧 함부로 제자를 받아들이지 않았으며, 받아들이더라도 매우 신중하게 생각하여 장기간 행자의 사상과 언행을 살핀 후에 비로소 받아들여 머리를 깎게 하였습니다.

그러나 말법이 세상을 덮고 있으며 삿된 마가 치성한 것을 거울삼아 불퇴전(不退轉)의 마음으로 부득불 이러한 혁신운동을 하지 않을 수 없습니다. 그런 까닭으로 출가자의 인품과 학문 수준을 적극적으로 높이려고 하는 것입니다. 무릇 나를 따라 출가한 제자는 천지를 떠받들 수 있으며, 문무에 능하여 불법문중의 대장이 될 수 있을 것이며, 또한 세속적인 시선에서 살펴보더라도 탁월하고 비범한 인재라고 할 수 있습니다. 이미 나를 따라 출가한 제자들 또한 마땅히 『능엄경』을 외워서 언제 어디서나 강의하고 설법할 수 있어야 합니다. 그래야 비로소 정법을 홍양(弘揚)하는 책임을 다하고, 부처님의 명맥을 이어갈 것이며, 헛된 출가가 되지 않을 것입니다.

4

고통을 넘어 행복으로

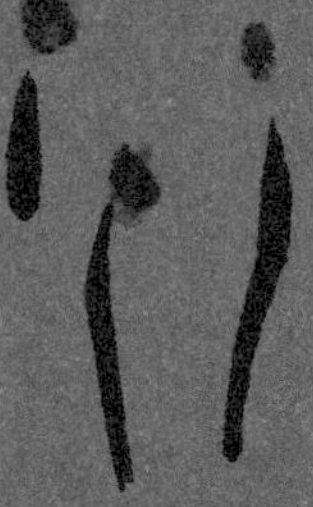

위기와 고난을 벗어나는 비결

오늘 여러분에게 위기를 벗어나는 비결 하나를 알려주려고 합니다. 어떤 비결인가 하면, 바로 긴급한 위기상황에서는 마음을 진정하여 긴장하지 말고, 생사를 도외시하고 일념으로 관세음보살을 염하면, 반드시 위험이 사라지고 난관을 넘기게 된다는 것입니다.

가장 위험한 시기에 마음속으로 이렇게 생각해 보세요. '어쨌든 나는 지금 죽을 것이다. 그러나 죽기 전에 내가 필사적으로 관세음보살을 염하면 아마 일말의 희망이라도 있을 것이다.' 이렇게 생각하고 관세음보살을 간절히 염하면 위급한 재난을 만나더라도 상서로움으로 변할 것입니다.

예를 들어 자신이 탄 비행기가 공중에서 갑자기 고장이 발생하여 추락하려고 한다면 그때 관세음보살을 염하는 것입니다. 관세음보살은 우리를 고난에서 구제하는 보살이기 때문에 (고난에서 벗어나기를)

구하면 반드시 감응을 하시는 보살입니다. 만약 내가 관세음보살을 염하지 않으면 나의 생명은 위험한 상황을 만나 희망이 없을 것입니다. 이럴 때 여러분이 성심을 다하여 염하면 관세음보살의 자비심에 감응하여 비행기를 탄 모든 사람의 생명을 구할 수 있을 것입니다. 이번 7일 간의 관음정진[觀音七]에서 이러한 마음으로 관세음보살을 염해야 할 것입니다.

또 이렇게 생각해 보세요. '내가 탄 기차가 지금 궤도를 이탈한 위기일발의 상황에서 만약 지금 내가 관세음보살을 염하지 않으면 열차를 탄 모든 승객이 죽게 될 것이다. 관세음보살을 염하면 보살께서는 구제를 요청하는 소리를 듣고 아무리 멀리 떨어져 있어도 즉시 내 앞에 나타나셔서 고통의 바다에서 나를 구하실 것이다. 관세음보살을 지성으로 염하면 매우 큰 영험이 있다.'

다시 이렇게 생각해 보세요. '내가 탄 배가 바다 한가운데서 재난을 만나 곧 침몰한다. 이러한 위급한 상황에서 나는 관세음보살을 염하려고 한다. 최후의 1분, 1초라도 나는 관세음보살을 염할 것이다. 만약 이렇게 간절히 염하면 반드시 흉함이 길함으로 변할 것이다.'

또 이렇게 생각해 보세요. '내가 탄 자동차가 도로에서 급하게 가다가 갑자기 브레이크가 고장 나 매우 높은 절벽 아래로 떨어지려고 한다. 만약 아래로 떨어지면 온몸은 산산조각 날 것이고 모든 것은 끝날 것이다. 이때 만약 내가 필사적으로 관세음보살을 염하면 차가 절벽 아래로 떨어지더라도 무사할 것이다. 마음은 매우 놀라더라도 위험은 없을 것이다. 이것이 관세음보살을 염하는 감응이다.'

긴급한 위험상황에서 여러분이 관세음보살을 염하는 것은 평상시 백천만 번을 염하는 것보다 뛰어납니다. 무엇 때문이겠습니까? 왜냐하면 위험하지 않을 때는 관세음보살을 염하는 것이 간절하지 않고 지성스런 마음이 나오지 않기 때문입니다. 그러므로 관세음보살을 염할 때는 경건한 마음으로 염하고, 참된 마음으로 염하여야 비로소 불가사의한 감응을 얻을 수 있습니다.

방금 내가 과겸(果謙: 베트남에서 난민선을 타고 미국으로 온 제자)에게 말하였습니다.

"너는 지금 만불성성에서 관세음보살을 염하는데, 마치 조난당한 배 위에서 염하는 것과 같이 염하면 감응이 있을 것이다. 세찬 바람이 불고 거친 파도가 치는 바다에서 네가 탄 배가 전복하려고 하는데, 만약 관세음보살을 염하지 않는다면 조금의 희망도 없을 것이나, 관세음보살을 염하면 10,000분의 1이라도 희망이 있거나 혹은 구제될 수 있을 것이다. 그러므로 필사적으로 염하면 최후에는 난관을 건널 것이며, 바람이 잦아들고 파도가 고요해져서 마침내 해안에 도달할 것이다. 네가 지금 관세음보살을 염하면서 여전히 쉬려고 하는 것은 그와 같은 위험이 없기 때문이다."

오늘이 지나가면 앞으로 살아갈 날도 또 하루 줄어들게 됩니다. 마치 물이 점점 줄어드는 웅덩이에 사는 물고기와 같으니 무슨 즐거움이 있겠습니까? 여러분! 마땅히 부지런히 정진하기를 마치 머리에 붙은 불을 끄듯이 해야 합니다. 오로지 무상(無常)을 생각하고 삼가 방일하지 말아야 합니다!

언제 어디서나 관세음보살을 염해야 합니다. 다시 말하면, 앉거나 서거나 눕거나 움직이거나 언제나 염해야 합니다. 입으로 염하든 마음으로 염하든 공덕은 같으니, 분별심을 일으키지 말고 인연을 따라 부지런히 염해야 합니다.

여러분! 마땅히 알아야 합니다. 죽기 전에 관세음보살을 염하면 된다고 생각하다가는 영원히 기회가 없을 것입니다. 그래서 이렇게 말한 것입니다. "오로지 무상을 생각하고, 삼가 방일하지 마라!"

나무관세음보살

오늘 모두 함께 7일 간의 관음정진[觀音七]에 참가하여 경건하게 '나무관세음보살(南無觀世音菩薩)'이라며 관세음보살의 성스러운 명호를 염하고 있습니다. 이와 같이 정진하는 것은 얻기 어려운 기회이므로 헛되이 보내서는 안 될 것입니다. 만약 진실한 마음으로 염하지 않으면 아무런 소득이 없을 것이며, 마치 보배로 가득 찬 산에 와서 빈손으로 돌아가는 것과 같으니 참으로 애석한 일입니다. 여러분은 모든 것을 놓아버리고 용맹하게 염하기 바랍니다. 그렇게 하면 반드시 감응이 있을 것입니다. 그래야 비로소 관음정진 법회에 온 목적을 저버리지 않을 것입니다.

일반적으로 사람들이 관음기도를 할 때 대부분 일정 시간 동안 염불한 다음 30분 정도 쉬고 이어서 정진을 합니다. 홍콩이나 대만이나 이런 방식은 비슷한데, 우리 만불성성의 타칠(打七: 7일 용맹정진)은 새벽에 시작하여 밤에 잠잘 때까지 쉬지 않고 계속하며, 중간에 휴식하지 않습니다.

여러분은 알아야 합니다. 우리가 쉬지 않고 하는 것이 옳다거나, 남들이 쉬면서 하는 것이 옳지 않다는 말이 결코 아닙니다. 그러면 무슨 도리를 말하는 것이겠습니까? 이전에 우리는 정진수행을 하지 않았기 때문에 지금 더욱 분발해서 용맹정진하려는 것입니다. 어떤 사람은 정진한 지 오래되어 이미 길에 들어서서, 관세음보살을 염하거나 염하지 않거나 모두 마찬가지로 망상이 없을 것입니다. 그런 사람은 쉬면서 하는 것이 우리처럼 정진하는 것보다 더욱 진보가 있을 수 있으므로 남들이 쉬면서 정진하는 것을 잘못되었다고 말할 수 없습니다.

가령 우리가 아만의 마음을 내어 '아, 우리 만불성성은 용맹정진하고 저들은 게으름을 피우는구나!'라고 생각한다면, 모든 공덕은 없어질 것입니다. 이것은 자만심이고 오만한 마음입니다. 우리는 반드시 남들은 무량겁 이래로 수행 정진해 왔다는 것을 알아야 합니다. 지금 남들이 쉬면서 정진하는 것은 우리가 뒤에서 좇아올 것을 기다리는 것입니다. 만약 이렇게 생각하면 공부에 반드시 응답이 있을 것입니다. 정진하는 과정에서 장애하는 마음을 내어서는 안 됩니다. 자만과 아만이 바로 장애입니다. 자만과 아만이 보리(깨달음)의 종자가 뿌리를 내리고 싹이 나오는 것을 장애합니다. 어떤 상황에서도 절대로 아만심을 내거나 사리사욕의 마음을 내서는 안 됩니다. "모든 법은 평등하여 높고 낮음이 없다[是法平等 無有高下]."라고 생각하는 것이 바로 수행자가 가져야 할 마음가짐입니다.

우리는 정진을 시작하면서 마음가짐이 정당해야 합니다. 만약 마음가짐이 정당하지 못하면 무슨 공부를 하든지 마(魔)에 미혹될 수 있습니다. 마음이 정당하면 어떤 공부를 하든지 간에 모두 성불할 수 있습니다. 부처와 마는 단지 한 생각의 차이이니, 이러한 점에 특별히 주의해야 합니다.

우리는 무엇 때문에 '나무관세음보살'을 염해야 합니까? 왜냐하면 관세음보살은 사바세계의 중생과 큰 인연이 있기 때문입니다. 그 분은 소리를 찾아서 고난을 구제하시는 보살입니다. 그러면 어떤 사람은 이렇게 생각할 수도 있을 것입니다. '우리가 고난을 겪을 때 관세음보살을 염하면 되지, 고난도 없는데 우리가 왜 관세음보살을 염해야 하는가?'

당신은 괴로움이 없다고 생각합니까? 오탁(五濁: 겁탁, 견탁, 번뇌탁, 중생탁, 명탁)의 악세 가운데에 있는 중생은 누구나 이루 말할 수 없는 고통을 겪고 있습니다. 윤회하는 과정에서 이리 왔다 저리 갔다 하는데, 이것이 고통이 아니고 무엇이겠습니까? 하루 종일 멈추지 않고 망상을 일으키는 것이 고통이 아니고 무엇입니까? 언제나 무언가 얻으려고 생각하며, 언제나 자신에게 이익이 있기를 바랍니다. 얻지 못하면 잠도 자지 못하고, 구하지 못하면 밥도 먹지 못합니다.

여러분 보세요! 이것이 고통이 아니면 무엇입니까? 누구도 자기에게 고통이 없다고 확언하지 못합니다. 이런 고통이 없으면 저런 고통이 있습니다. 어쨌든 고통은 우리의 몸을 떠나지 않습니다. 만약 만가지의 생각을 놓아버리고, 하나도 구하는 것이 없으면, 그때 비로소 고통이 없다고 할 수 있을 것입니다.

우리는 '나무관세음보살'을 염할 때 먼저 그 뜻을 이해해야 합니다. '나무(南無)'는 범어를 옮긴 것으로 '귀의한다'는 뜻이고, '관(觀)'은 '관찰하다'는 뜻으로 묘관찰지(妙觀察智)로 관찰한다는 것입니다. 누구에게 묘관찰지가 있는가 하면, 관세음보살에게 있습니다. 그분은 이러한 지혜가 있기 때문에 세간의 모든 소리를 다 아시니, 누구도 그분을 속일 수 없습니다. '세(世)'는 '세간(世間)'이며, '음(音)'은 '음성(音聲)'이라는 뜻입니다. 관세음보살은 '소리를 돌이켜 자성의 소리를 듣는[反聞聞自性]' 법문을 닦았기 때문에 마음으로 세간의 중생이 구제를 원하는 소리를 관찰하시는 것입니다. 보살께서는 그러한 소리를 듣고 즉시 분신(分身)으로 그곳으로 가서 고해에서 구출하여 중생들이 '고통을 벗어나 즐거움을 얻게 하십니다[離苦得樂].'

그래서 "천 곳에서 구제를 기도하면 천 곳에서 응하고, 고해에서 항상 사람을 건너는 배가 되네[千處祈求千處應 苦海常作度人舟]."라고 하는 것입니다. 관세음보살은 자상한 어머니처럼 구하면 반드시 감응하며, 자녀들을 실망시키지 않으십니다. 그런 까닭으로 대자대비(大慈大悲), 구고구난(救苦救難), 광대영감(廣大靈感)의 관세음보살이라고 말합니다.

보살(菩薩)은 범어 보디사트바(bodhisattva)를 음사한 '보리살타(菩提薩埵)'를 간단히 줄인 말입니다. 그 뜻을 옮기면, '깨달은 유정[覺有情]', 혹은 '유정으로서 깨달은 분[有情覺]'인데 두 가지 모두 비슷한 의미입니다. 보살은 자신도 깨닫고 남도 깨닫게 하는 성인(聖人)으로서 사사로운 마음이 없고 이기적인 마음도 없으며, 모든 것을 중생의 행복을 위하여 생각하며, 자신의 존재를 잊어버립니다. 이것은 바로 무아(無我)의 정신입니다.

우리는 관세음보살에게 기도하여 보호를 받거나 도움을 받으려면, 반드시 진심으로 '나무관세음보살'을 염해야 합니다. 그러면 곧 마음의 에너지가 감응하는 작용을 일으킵니다. 관세음보살은 중생이 구제를 원하는 구하는 소리를 듣고, 반드시 오셔서 고해에서 구제해 주십니다. 하지만 만약 성실한 마음으로 염하지 않고 명예와 이익을 구하는 마음이 섞이면, 감응이 없을 것입니다.

지금 우리는 '나무관세음보살'을 염하는데, 그 마음을 순수하고 청정하게 하여 간절하고 지극하게 염해야 할 것입니다. 자기 자신의 사리사욕을 위하여 염하지 않고, 오탁악세의 모든 중생을 위하여 염해야 합니다. 관세음보살의 자비로 전 세계 인류의 재난을 소멸하며, 죄업을 멸하고 복을 받을 수 있도록 기도하면, 모두에게 좋은 일이 있을 것입니다.

사람마다 이러한 종지를 가슴에 품고 '나무관세음보살'을 염하면, 감응도교(感應道交)하는 힘이 불가사의할 것입니다. 여러분! 관세음보살을 염하는 공덕을 법계의 중생에게 모두 회향합시다.

이 공덕이 모든 중생에게 널리 미치도록 하며,
우리와 중생이 모두 함께 불도를 이루기를 빕니다.
願以此功德 普及於一切
我等與衆生 皆共成佛道

무엇을 위하여 관음기도를 하는가?

때때로 우리는 여러 부처님의 명호를 염하거나 보살님들의 명호를 염합니다. 사실 수행자라면 항상 타칠(打七: 7일 정진 법회)을 해야 하나, 우리들이 평소 정진하지 않기 때문에 일정한 기간을 정하여 모두 모여 함께 관음정진을 하는데, 이것은 기간을 정하여 증득하려고 노력하는 것입니다.

이 7일 동안 바깥의 인연을 놓아버리고, 한 생각도 일어나지 않게 오롯한 마음으로 관세음보살의 명호를 지송해야 합니다. 관세음보살을 염하면 삿된 지견을 떠날 수 있으며, 바른 견해를 증장시킬 수 있습니다. 관세음보살을 염할 때는 평온한 마음으로 염하고, 정신을 집중하여 염해야 합니다. 시합을 하듯이, 경쟁을 하듯이 염해서는 안 될 것입니다. 시합하듯 경쟁하는 것은 세속인의 행위입니다.

수행자는 세상과 다툼이 없어야 하며, 누구와도 비교하지 말고,

누구와도 다투지 않으며, 다함께 정진해야 합니다. 누군가가 열심히 정진하면 당신 자신이 열심히 정진하는 것과 같이 좋은 것입니다. 이러한 생각을 가지고, 1등이 되겠다고 다투는 마음이 없어야 합니다. 수행할 때 편한 것만 좋아하고 힘든 것은 싫어하면 안 될 것이며, 시시각각으로 정진하고, 일분일초(一分一秒)를 아껴서 정진해야 합니다. 하나만큼 정진을 하면 곧 하나만큼 감응이 있으며, 열만큼 정진을 하면 열만큼 감응이 생깁니다.

우리가 관세음보살을 염하는 마음이 참되고 진실합니까? 관세음보살은 허공중에서 명료하게 관하고 계십니다. 누구든지 참된 마음으로 염하면 그 사람은 관세음보살의 가피를 입어 지혜가 열리고 선근(善根)이 증장하며, 모든 악이 소멸되고 세 가지의 장애가 제거됩니다. 즉 업장(業障), 보장(報障), 번뇌장(煩惱障)이 소멸되며, 일체의 악업이 소멸됩니다. 그러므로 관세음보살을 염할 때는 성심으로 염하고, 진심으로 염하여야 합니다. 누구든지 진실한 마음으로 염하면, 그 사람은 이익을 얻을 것입니다. 만약 진실하지 않은 마음으로 염하면 절대로 감응을 얻을 수 없을 것입니다.

관음정진에서 어떤 사람은 진심(眞心)으로 염하는데, 어떤 사람은 기뻐하면서도 진심이 없습니다. 다른 사람이 염하면 자기도 염하고, 다른 사람이 가면 자기도 가고, 다른 사람이 앉으면 자기도 앉을 뿐 처음부터 끝까지 진심(眞心)으로 염하지 못합니다. 탐하는 것이 없는 마음, 구하는 것이 없는 마음이 바로 진심(眞心)입니다. 다투지 않고, 탐하지 않고, 구하지 않고, 사사롭지 않고, 이기적이 않은 것은 모두 진심입니다. 마음이 참되면 일체의 업장은 소멸됩니다. 마음이 참되지 못하면 업장에서 벗어나지 못합니다. 따라서 관음정진 기간에는 '적게 말하고 많이 염하는' 것이 가장 묘합니다. 그래서 다음과 같이 합니다.

> 생각을 죽이면, 그대의 법신이 살아난다.
>
> 打得念頭死 許汝法身活

수행자는 생사를 끝마치기 위하여, 중생을 제도하기 위하여 수행하는 것이지, 감응을 얻으려고 수행하는 것은 아닙니다. 그래서 '옷을 생각하면 옷을 얻고, 음식을 생각하면 음식을 얻는다.'는 것입니다. 무엇이든 생각하는 것을 얻는 것은 천인(天人)의 경계이며, 천상의 복이 다하면 여전히 윤회의 고통을 받아야 한다. 수행자는 궁극의 해탈법을 닦아야 비로소 삼계를 벗어날 수 있으며, 분단생사를 끝마치게 됩니다.

관세음보살을 염하면 망상이 사라진다

관세음보살을 염하면 마음속의 쓰레기를 청소할 수 있습니다. 한 번 염하면 망상이 하나 줄어들고, 두 번 염하면 두 개의 망상이 줄어들며, 관세음보살을 만 번 염하면 만 개의 망상이 사라집니다.

그러면 어떤 사람은 이렇게 말할 것입니다. "스님! 당신의 말씀은 틀렸습니다. 나는 관세음보살을 염하지만 망상이 많이 일어납니다. 일어나는 망상이 염하는 명호보다 더 많습니다."

당신은 그렇게 재주가 좋다니 정말 불가사의한 일입니다. 한편으로 관세음보살을 염하면서 다른 한편으로 망상을 짓는 것은 사실 관세음보살을 염하지 않는 것과 같습니다. 당신의 마음이 관세음보살을 염하는 데 있지 않으며, 보고도 보지 않고 들어도 듣지 않는 것입니다.

비록 당신은 대중을 따라 염하지만 당신은 관세음보살에 주의를 기울이지 않고 있습니다. 당신이 주의를 기울이지 않기 때문에 망상에 빠지는 것입니다. 망상이 오게 되면 입으로는 염하지만 마음속에는 잡념이 분분합니다. 망상을 지을 때 입으로 송하는 것도 잊어버리며, 마음으로 염하는 것도 잊어버리니, 망상이 일어나는 것입니다. 이것은 대충대충 염하는 것이며, 진실하게 염하는 것이 아닙니다. 당신은 관세음보살을 염하는 것이 아니라 오염된 것에 물들어 다른 사람을 따라 굴러가는 것이므로 염해도 상응하지 않고, 염송하는 음성도 강하지 못하며 기력도 부족하게 됩니다.

관세음보살을 염할 때는 눈으로는 관세음보살을 관하고, 마음으로는 관세음보살을 생각해야 하는데, 보살이 항상 내 눈앞에서 천 개의 눈으로 나를 비춰보며, 천 개의 귀로 내가 염송하는 소리를 듣고, 천 개의 손으로는 나를 보호하신다고 생각하는 것입니다.

입으로 염하는 소리를 귀로 명료하게 들으며, 다시 염송하는 소리를 마음속으로 보내어 마음속에서 관세음보살을 받아들이는 것입니다. 이것은 또한 관세음보살을 자신의 마음속으로 청하는 것입니다. 마음속에 관세음보살이 있으면, 망상을 짓지 않게 됩니다. 관세음보살을 염하는 것은 망상을 치료하는 특효약입니다. 마음이 청정해질 때, 바로 그때 자재(自在)하게 됩니다.

육근을 섭수하여 관세음보살을 염하라

관세음보살을 염하는 데는 입으로 명료하게 염해야 할 뿐만 아니라 마음으로도 명료하게 기억해야 합니다. 눈, 귀, 코, 혀, 몸, 뜻의 육근(六根)의 문에서 모두 염해야 합니다. 입으로 염하고 귀로 염하며 또한 뜻으로도 염하는 것입니다. 육근이 모두 염하게 되면, 이것이 '육근을 모두 섭수하여[都攝六根] 한 문으로 깊이 들어가는[一門深入]' 경계입니다.

『능엄경』「대세지보살염불원통장」에서 이르기를 "육근을 모두 섭수하여 청정한 생각이 계속 이어지면, 삼매를 얻게 되는데, 이것이 제일이다[都攝六根, 淨念相繼, 得三摩地, 斯爲第一]."라고 하였습니다.

이 구절의 대략적인 뜻은 우리의 육근을 모두 잘 섭수하여 산란하지 않고 말을 잘 듣게 하며, 가르침에 따라 실천하면, 여섯 도적(즉 육근)이 여섯 호법(護法)으로 바뀐다는 것입니다. 여섯 도적에게 규칙을 잘 지키게 하여 수작을 부리지 못 하게 하는 것입니다. 그들을 유순하게 훈련하여 매우 말을 잘 듣게 만드는 것입니다.

사람은 왜 온 마음을 다하여 관세음보살을 염하지 못합니까? 그것은 바로 육근을 모두 섭수하지 못하고, 안(眼)·이(耳)·비(鼻)·설(舌)·신(身)·의(意)의 여섯 도적을 잘 부리지 못하기 때문에 그들이 풍파를 일으켜 망상이 분분하게 일어나고, 자신을 편안하게 지키지 못하고 곳곳에서 귀찮은 일을 찾아다니기 때문입니다.

만약 육근을 모두 섭수하게 되면 청정한 생각이 계속 이어집니다. 청정한 생각은 마치 바다의 파도와 같아서 하나가 일어나면 또 하나가 따라 일어나서 계속 끊어지지 않고 일어납니다. 그 마음을 청정히 하여 염하는 것도 이와 같습니다. 끊어짐 없이 염하고, 멈춤 없이 염하여, 염함이 서로 상응할 때 삼매를 얻게 됩니다. 삼매(三昧)는 그 뜻을 살펴보면, 바른 정[正定]과 바른 받아들임[正受]이며, 이것이 가장 뛰어난 원통(圓通)법문입니다. 이러한 경지에 도달하면 곧 육근을 호용(互用)하여 관세음보살을 염할 수 있습니다.

삼매의 경지에 들어가야 비로소 관음삼매(觀音三昧)를 얻을 수 있으며, 관음정진을 하는 사람이라고 말할 수 있습니다. 새벽부터 밤에 휴식할 때까지 염송하면서 시간이 지나는 것도 모르고 염하게 되면, 과거, 현재, 미래의 시간이 모두 사라집니다. 이것이 삼매에 든 경지입니다.

관세음보살을 염할 때 정신을 집중하여 염하면, 일체의 번뇌를 잊어버리게 됩니다. 자기가 밥을 먹었는지, 옷을 입었는지, 잠을 잤는지도 기억하지 못합니다. 왜냐하면 온 마음을 다하여 염하기 때문입니다. 만약 밥 먹고, 옷 입고, 잠 자는 것을 모두 잊어버린다면, 이것이 삼매가 현전(現前)하는 것입니다.

마음속에 무명이 없고, 번뇌가 없고, 망상이 없어집니다. 이렇게 되면 염하는 것이 명료하고 즐거우며, 무엇보다도 자재하고, 유쾌합니다. 병이 있으면 병이 낫고, 고통이 있으면 잊어버립니다. 밥을 먹지 않아도 배고프지 않고, 잠을 자지 않아도 피곤하지 않게 되는데, 이것이 관세음보살을 염하여 관음삼매에 들어간 경지입니다.

자성(自性) 중의 관세음보살을 염하라

우리는 온 마음을 다하여 관세음보살을 염할 뿐만 아니라 또한 내 자성(自性) 가운데 계신 관세음보살을 염해야 합니다. 우리가 수행을 할 때 바깥에 있는 것이 안에도 있게 됩니다. 무슨 말인가 하면, 바깥에 관세음보살이 있으면, 내 안에도 관세음보살이 있게 된다는 뜻입니다. 그러므로 관세음보살을 염하는 데 있어서 안과 밖이 같아지고[內外一如], 나와 남이 둘이 아닌[自他無二] 경지에 이르러야 합니다.

우리는 우리의 자성 가운데에 시방제불의 항하사(恒河沙)처럼 많은 성덕(性德: 성품의 덕)을 빠짐없이 두루 갖추고 있습니다. 그러므로 입으로 관세음보살을 염하면서 마음속으로 더욱 지극하고 간절하게 염하여 잡념이 생기지 않고 망상이 일어나지 않게 하며, 그 마음을 전일(專一)하게 하여 관세음보살을 염해야 합니다. 무엇을 구하거나 무엇을 탐하는 마음이 있어서는 안 됩니다. 그리고 '왜 관세음보살을 염해야 하는가?'

라는 생각이 있어서는 더더욱 안 됩니다. 관세음보살을 염하는 것은 곧 자성의 본분입니다.

우리가 '염하여도 염하지 않고, 염하지 않아도 염해지는' 경지에 이르게 되면, 자성(自性)의 관음이 현전(現前)하여 하나를 이루게 되며[打成一片], 나와 남을 잊게 되는데, 이때 어떤 번뇌가 있겠으며, 어떤 무명이 있겠습니까? 무애자재(無礙自在)한 경지에 이르면 대원경지(大圓鏡智)가 자연히 현전하고, 평등성지(平等性智), 묘관찰지(妙觀察智), 성소작지(成所作智)가 자연히 현전하게 됩니다. 비록 네 가지 지혜가 현전하더라도, 그것은 단지 하나에서부터 시작될 따름입니다. 네 가지 지혜 가운데는 천차만별한 갖가지 다른 단계가 있습니다. 그러한 단계가 나타난다고 해서 바로 부처님의 네 가지 지혜와 같아지는 것은 아닙니다. 어떤 단계든지 어떤 과위(果位)든지 모두 갖가지 같지 않은 지위가 있습니다.

수행자는 "털끝만큼 차이가 나중에는 천 리나 벌어진다[失之毫釐 謬之千里]."는 도리를 이해해야 합니다. 언제 어디서나 염하면서 앞으로 나아가야 하며, 외도에 떨어져서는 안 됩니다. 그것은 삿된 지견의 잘못된 이론입니다. 바른 지견을 지녀야 정념이 비로소 현전하게 됩니다.

관세음보살을 염함에 있어 자신의 관세음보살을 염해야 하며, 다른 사람의 관세음보살을 염해서는 안 됩니다. 무엇이 자신의 관세음보살이겠습니까? 바로 자신의 염함이 관세음보살과 같게 되어, 관세음보살의 자비를 갖추고 관세음보살의 희열을 갖추고, 또한 관세음보살처럼 고난을 구제하고 32응신으로 중생을 제도하는 능력을 갖추는 것입니다. 관세음보살의 대자대비(大慈大悲), 대희대사(大喜大捨), 대지혜(大智慧), 대원력(大願力)을 배워야 합니다.

회광반조하며 염하라

수행은 진지하고 착실하게 닦아나가야 하며, 지엽적으로 공부해서는 안 됩니다. 어떤 사람들은 말로는 보살도를 행한다고 하면서 실제로는 남들에게 공연을 보여주는 것처럼 합니다. 무엇을 하든지 간에 일거일동, 말 한마디 행동 하나를 모두 다른 사람에게 보여주기 위해서 할 뿐 자신에게 보여주지는 않습니다. 이러한 사람들은 회광반조(廻光返照)하여야 할 것이며, 남들에게 보여주려고 관세음보살을 염한다면 빨리 고쳐야 할 것입니다.

무릇 모든 수행을 남들에게 보여주려는 것은 바로 '근본을 버리고 지말을 추구하는[捨本求末]' 것입니다. 근본을 잊어버리고 지엽적인 것을 추구하면 좋은 점이 아무것도 없습니다. 그러므로 수행은 자신에게 보여주어야 하며, 자기가 (자신의 수행을) 능히 볼 수 있는 것이 바로 회광반조하는 것입니다. 이것을 반드시 기억해야 합니다. 회광반조해야 하며, 이것은 빛을 밖으로 비추는 것이 아닙니다. 만약 빛을 밖으로 비추면 다른 사람은 나를 수행을 오래한 사람으로 인식하겠지만, 밖으로 비춘 빛은 곧 없어진다는 것을 알아야 합니다. 무엇 때문이겠습니까? 왜냐하면 그대의 빛은 아직 다 충분히 갖추지 못했기 때문입니다. 그대의 수행이 원만한 경지에 이르지 못하여 빛의 광도가 매우 작으며, 시련을 견디지 못합니다. 빛이 원만하여 흠결이 없어지기를 기다려서 방광(放光)을 해도 늦지 않습니다. 지금은 수행하는 단계이므로 빛을 밖으로 내놓아서는 안 됩니다.

수행은 마치 학교에서 공부를 배우는 것과 같습니다. 먼저 초등학교를 마치고 다음에 중등학교에서 배운 후 대학에서 공부하고 나서 대학원에 들어가야 비로소 박사학위를 받을 수 있습니다. 수행도 이와 같이 한 걸음, 한 걸음 앞으로 나아가야 하며, 지름길을 찾아서는 안 됩니다.

어떤 사람은 말하기를, "선종에서는 돈오(頓悟)를 제창합니다." 라고 합니다. 그러나 여러분은 알아야 합니다. 돈오(頓悟)한다는 것은 이치를 문득 깨닫는 것입니다. 즉 이치를 즉시 이해한다는 것이지만, 그러기 위해서는 점차로 닦아야 합니다. 돈오한 사람은 돈오할 때 한 번 닦아 깨달은 것이 아니라, 무량겁 이전에 보리(깨달음)의 종자를 심었으며, 노력하여 밭을 갈기를 오래하여 마침내 과실이 그 날 성숙한 것입니다. 결코 이전부터 수행을 하지 않았는데 문득 깨달은 것이 아닙니다. 그래서 『능엄경』에서 이르기를 "이치로는 문득 깨닫지만, 마땅히 점차로 닦아야 한다[理可頓悟 事須漸修]."라고 한 것이 바로 이러한 도리입니다.

우리가 이곳에서 관음기도를 할 때 참된 마음을 내어 관세음보살을 염해야 할 것이며, 게으름을 피우거나 기회를 찾아 방일해서는 안 될 것입니다. 만약 방일하게 되면 좋은 시절을 헛되이 보내고 깨달음을 열 기회를 잃게 될 것이니, 매우 애석한 일입니다. 관음기도에서 모두 다 함께 필사적으로 노력해야 합니다. 이 기도는 정말 만나기 어려운 법회입니다. 여러분 모두 시간을 소중히 하여 염불에 정진하면, 반드시 불가사의한 감응이 있을 것입니다.

관음정진으로 병고에서 벗어나다

관세음보살의 자비와 감응은 매우 불가사의합니다. 만약 여러분이 지극한 마음으로 관세음보살의 명호를 염하면, 반드시 업장을 소멸하고 선근을 증장시킬 수 있습니다. 관세음보살의 신령한 감응이 나타난 사례는 매우 많으나 지금 한 가지 사례를 들어보려고 합니다.

미국에서 어떤 여성이 병원에서 아이를 분만하는데, 매우 난산이었기 때문에 의사는 곧 수술하게 되었습니다. 그러나 수술 중 잘못 실수하여 요도를 절단하였지만 그 사실을 전혀 모르고 봉합하게 되었습니다. 그 부인은 집으로 돌아온 지 며칠이 지나도록 소변이 나오지 않고 몸이 부었습니다. 이상하게 생각하고 다시 병원에 가서 검사를 받았으나, 의사는 원인을 밝혀내지 못하였습니다. 그 후 온몸이 부어 다시 가서 검사했는데 혈압은 이미 18까지 낮아졌고 온몸에 요독(尿毒)이 생겨 치료할 방법이 없어서 오직 죽기를 기다리는 수밖에 없었습니다.

그녀의 친구 한 명이 만불성성으로 전화를 걸어 그녀를 구제해 달라고 청하였습니다. 이와 같은 상황을 알고 나는 곧 그녀에게 지극한 마음으로 관세음보살을 염하라고 하였습니다. 그녀가 지극한 마음으로 관세음보살을 염한 지 2시간 30여 분만에 요독으로 인한 부종이 즉시 사라지고 혈압도 정상적인 수준으로 높아졌으며, 요도도 회복이 되어 매우 빨리 퇴원하게 되었다고 합니다. 고통스러운 병마와 죽을 고비에서 벗어나거나, 재난이 소멸되고 액운에서 벗어난 사례가 만불성성에서는 셀 수 없을 정도로 많습니다. 그러나 여기서는 그 가운데 한 가지만 들어서 말하였습니다.

대비주의 신묘한 작용

오늘은 대비주(大悲呪) 기도를 시작하는 날입니다. 저녁에 청정수를 뿌린 후에 대비주의 독송을 시작할 것입니다. 대비주(즉 신묘장구대다라니)는 과거 항하사처럼 수많은 99억의 여러 부처님께서 설하신 신령스런 다라니입니다. 관세음보살은 일체중생을 불쌍히 여겨 대비심을 발하여 자비의 배를 몰고 사바세계로 오셔서, 일체중생을 고해에서 벗어나 해탈을 얻게 하였습니다. 이것을 일러 "고해는 무변하나 머리를 돌리면 피안이다[苦海無邊 回頭是岸]."라고 합니다. 단지 경건하게 대비주를 지송하면 반드시 불가사의한 감응을 얻게 될 것입니다.

관세음보살은 무량겁 이전에 천광왕정주(千光王靜住) 여래가 설한 대비주를 듣고, 금색 손으로 마정수기(魔頂授記)를 받았습니다. 대비주를 들은 후 즉시 팔지(八地) 보살의 과위를 넘어서게 되었으며, 마음에 큰 환희심이 생겨 즉시 큰 원을 발하였습니다.

관세음보살이 발원하기를, "내가 만약 일체 중생을 이롭게 도울 수 있다면 나에게 즉시 천 개의 손[千手]과 천 개의 눈[千眼]이 생겨나게 하여지이다."라고 하자 갑자기 대지가 진동하고 시방제불의 광명이 보살의 몸에 비췄으며, 즉시 천수천안(千手千眼)의 장엄한 모습으로 변하게 되었습니다. 손에는 뽑을 수 있는 힘을, 눈에는 밝게 비출 수 있는 작용을 갖게 되었습니다. 천수천안은 곧 천 가지의 신통과 지혜를 나타냅니다. 대비(大悲)의 뜻은 괴로움을 뽑아낸다는 것이며, 어떠한 괴로움과 고난이 있어도 지극한 마음으로 간절하게 대비주를 염하면, 모두 평안을 얻고 흉함은 길함으로 변할 것입니다.

관세음보살이 부처님께 말하기를 "만약 어떤 중생이 대비주를 지송하고도 소원을 이루지 못하면, 저는 정각을 이루지 않을 것입니다. 그러나 착하지 못한 사람과 지극한 마음으로 염하지 않는 사람은 제외합니다."라고 하였습니다.

지극한 마음으로 대비주를 염송하는 사람은 자재함을 얻을 뿐 아니라 구하는 것을 모두 뜻대로 이룰 수 있습니다. 또한 고난을 벗어나고 즐거움을 얻게 되며, 위험한 상황을 건너 평안을 얻게 됩니다. 어떻게 하면 고난을 떠나고 위험에서 벗어나겠습니까? 바로 지극한 마음으로 대비주를 염송하는 것입니다. 대비주를 간단한 것으로, 일반적인 다라니와 같게 여기면 안 됩니다.

여러분에게 알립니다. 만약 과거와 현재에 선근(善根)이 없으면, 대비주의 이름조차도 듣지 못할 것인데, 하물며 지송하는 것이겠습니까! 지금 대비주의 이름을 들을 뿐 아니라 또한 지극한 마음으로 대비주를 염송하는 것은 백천만 겁에 만나기 어려운 기회이며, 게다가 선지식의 지도로 어떻게 지송하고 수지하는지를 배울 수 있으니, 참으로 중요한 것입니다. 또한 대비주는 이루 말로 다 할 수 없는 수많은 장점이 있음을 알아야 합니다.

이번 7일 기도 법회 동안 반드시 성심성의를 다하여 공경스럽게 대비주를 지송해야 합니다. 지극한 마음으로 염송하여 극에 이르면 마음에 망상이 사라질 것입니다. 이때 마음자리[心地]가 청정해지며, 혹은 광명이 나타나 보이거나 혹은 꽃이 나타나 보이거나, 혹은 관세음보살의 마정수기를 받고 지혜가 열리거나, 혹은 천상의 기이한 향기를 맡는 사람도 있을 것입니다. 하지만 아마도 어떤 사람은 비록 지극한 마음으로 간절하게 대비주를 염송해도 아무런 경계도 만나지 못할 수도 있습니다. 그러나 실망하지 말고 더욱 계속해서 지송해야 합니다. 때가 되면 반드시 감응도교(感應道交)하는 경지를 경험하게 될 것입니다.

경계가 보이든 보이지 않든 간에 모두 열심히 대비주를 염송해야 합니다. 상서로운 모습을 보는 사람은 그러한 모습에 집착하지 말아야 합니다. 또한 보지 못하는 사람도 '아, 나는 선근이 없나 보다. 왜 나에게는 보살이 보이지 않는가?'라고 생각하며 자괴감에 빠지지 말아야 합니다.

선근은 일찍 성숙되는 사람과 늦게 성숙되는 사람이 있는데, 만약 자신의 선근이 아직 성숙하지 못하였다고 느끼면, 마땅히 선근을 기르기 위하여 공덕을 많이 지어야 합니다. 그래서 "선근을 심지 않은 사람은 선근을 심게 하고, 이미 선근을 심은 사람은 증장되게 할 것이며, 이미 선근이 증장된 사람은 더욱 성숙되게 하고, 성숙된 사람은 해탈하게 한다."라고 하였습니다.

여러분은 금산사(金山寺)에 처음 와서 불법(佛法)을 배우고 수행을 하는데, 성심으로 배우면서 고난을 두려워하지 않았습니다. 일주일 동안 용맹정진하면서 망상을 짓지 않아야 할 것입니다. 만약 한편으로는 수행하면서 다른 한편으로는 망상을 짓는다면, 공부는 전일(專一)하게 되지 않을 것입니다. 전일하게 되지 않으면 감응을 얻지 못할 것입니다. 이것을 일러 "전일하면 신령하고, 생각이 흩어지면 막힌다."라고 합니다. 그 마음을 전일하게 하면 신령한 감응이 있을 것이고, 잡념이 분분하면 감응이 없을 것입니다. 이 점을 여러분은 특별히 주의해야 합니다.

대비주를 지송하면 얻게 되는 이점(利點)은 미래세가 다하도록 말해도 다 말할 수 없습니다. 무릇 대비주를 지송하는 사람은 절대로 삼악도에 떨어지지 않을 것입니다. 만약 삼악도에 떨어진다면, 당신을 구제하기 전에는 관세음보살도 성불하지 않을 것입니다. 대비주를 지송하는 사람의 어리석음이 모두 지혜로 변하지 않으면, 모두 지혜로 변할 때까지 관세음보살도 성불하지 않을 것입니다.

대비주는 세간에 있는 팔만사천 가지 질병을 모두 치료할 수 있습니다. 만약 당신이 병에 걸렸다면, 설령 의사도 속수무책 치료하지 못하는 병일지라도, 만약 당신이 경건하고 진실한 마음으로 대비주를 지송하면, 약을 쓰지 않더라도 반드시 나을 것입니다. 대비주에는 이와 같은 불가사의한 신비한 효능이 있습니다.

금산사(金山寺)에서 어떤 사람이 이와 같은 감응을 얻었습니다. 가장 치료하기 힘든 병이 암인데, 대비주를 염송하여 암이 완쾌된 것입니다. 대비주의 신력은 말할 수 없이 묘한 것입니다. 나는 여러분이 이 7일간의 기도 법회 동안 어떻게 정진하는지 지켜볼 것입니다. 누구든지 지극한 마음으로 정진하면, 그 사람에게는 감응이 있을 것이며 여러 가지 유익함이 있을 것입니다.

병을 앓고 있는 사람은 병이 완전히 나을 것이며, 병이 없는 사람은 지혜가 열릴 것입니다. 무엇이든 구하면 모두 얻게 될 것입니다. 그런 까닭으로 대비주를 불가사의하며, 광대한 영감(靈感)을 가진, 장애가 없는[無礙] 대비심의 다라니(陀羅尼)라고 합니다.

다라니는 범어를 음사한 것으로 번역하면 총지(總持)라고 하는데, 그 의미는 "일체 법을 총괄하며, 그 뜻이 무량하다[總一切法 持無量義]."라고 합니다. 또한 주(咒)라고도 하며, 진언(眞言)이라고도 합니다. 종합하면 극히 비밀의 말이라는 뜻입니다. '비밀한 주[密咒]'에 네 가지의 뜻이 있습니다.

(1) 주에는 귀신 왕의 이름이 들어 있는데, 작은 귀신은 귀신 왕의 이름을 들으면 제멋대로 굴지 못하고 모두 규칙을 지키게 됩니다.

(2) 마치 군대의 암호와 같아서 상응하면 무사하지만 상응하지 못하면 벌을 받게 됩니다.

(3) 주는 사람이 알아차리지 못하는 사이에, 비밀리에 당신의 죄

업을 소멸시키게 됩니다.

(4) 주는 모든 부처님의 비밀한 언어로서 오직 부처님만이 그 도리를 아십니다.

여러분은 이번 대비주 기도 법회에 참가하였는데, 모두 선근을 갖추고, 조상들의 덕행이 있어서 그 인연이 성숙하여 비로소 금산사에 오게 된 것입니다. 기왕 보배로 가득 찬 산에 들어왔으니 빈손으로 돌아가면 안 될 것입니다. 보배를 손에 넣게 되면 무궁한 작용을 얻을 수 있습니다.

무엇이 보배이겠습니까? 바로 대비주입니다. 대비주는 병을 치료할 수 있고, 마를 항복시킬 수 있으며, 지혜를 열 수 있으며, 평안함을 지킬 수 있습니다. 바꾸어 말하면, 구하는 것은 무엇이든 얻을 수 있으니, 당신이 마음속으로 원하는 것을 반드시 만족시킬 것입니다.

이번 대비주 법회는 특별한 법회입니다. 중국에서도 대비주 독송을 연속해서 7일간 하는 법회는 매우 드문 일입니다. 다른 나라에도 7일간 독송하는 법회가 있는지 나는 모르지만, 미국에서는 처음이라고 알고 있습니다. 그러므로 여러분은 진실한 마음으로 대비주를 지송하기 바랍니다. 그렇게 하면 공덕이 무량할 것입니다.

5

선화 상인의 중생제도

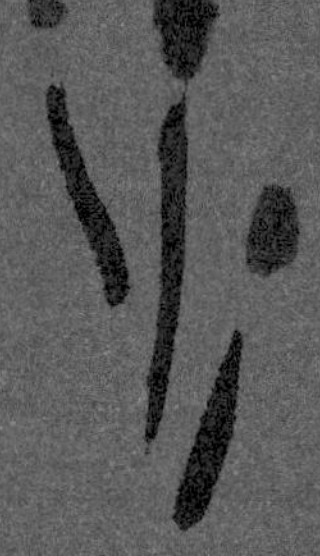

귀의(歸依)의 조건

상인께서는 항상 제자들에게 다음과 같이 훈계하였습니다. 인생의 첫 번째 큰일은 바로 삼보(三寶)에 귀의하는 것입니다. 귀의하는 것은 구경거리가 아니라 법을 간택하는 눈[擇法眼]을 가져서 맹목적으로 헛되이 수련하지 않고자 하는 것입니다.

상인께서 친히 말씀하였습니다.

내가 19세 때 사미(沙彌)였는데도 많은 사람들이 나에게 귀의하려고 하였습니다. 왜 나에게 귀의하려고 했겠습니까? 그들은 나를 보고 일반인과는 다르다고 생각하였습니다. 나는 겨울에 신발은커녕 양말도 신지 않고 눈 위를 걸어 다녔습니다. 겨울이나 여름이나 세 겹으로 된 얇은 옷을 입었으며, 솜으로 된 옷을 입지 않았습니다.

일반인이 볼 때 겨울에 날씨가 영하 30도 아래로 내려가는데 그런 옷을 입고도 얼어 죽지 않으니 매우 특별하다고 생각한 것입니다. 그래서 많은 사람들이 나에게 귀의하려고 하였습니다. 나는 본래 받아들이기를 원하지 않았지만 그들은 내 앞에 몇 시간이고 꿇어 앉아 간절하게 요구하였습니다.

내가 동북지방에 있을 때 어디를 가든지 한 번에 몇 십 명씩 앞다투어 나에게 귀의하려고 왔습니다. 그래서 내가 머물던 절 부근 백 리 이내의 마을마다 나에게 귀의한 제자가 있었습니다. 내가 그들에게 이야기하는 것은 매우 적었지만 그들은 나에게 절을 하곤 하였습니다.

나는 어떤 곳으로 가든지 좌선을 하고 말은 매우 적게 하였습니다. 왜 그런가 하면, 내 고향의 일반 사람은 모두 나의 모든 것을 알고 있었기 때문입니다. 사람마다 나를 백(白) 효자(孝子)라고 알고 있으며, 나를 가장 좋은 사람이라고 생각하고 사람의 스승이 될 수 있다고 생각한 것입니다. 이런 까닭으로 일반 사람들은 나를 보면 모두 나를 믿었고, 어떤 사람은 나를 만나보지 않았어도 나를 알고 있었습니다. 나는 그곳에서 작으나마 명성 있는 사람이었습니다.

무릇 동북에서 나에게 귀의한 제자에게는 하나의 조건이 있었는데, 매일 부모에게 절을 해야 하는 것입니다. 왜냐하면 나는 12세부터 부모에게 절을 하였으며, 부모를 공경하였습니다. 그러므로 나에게 귀의하고자 하면 최소한 부모에게 몇 번 절을 하게 한 것입니다. 내가 가장 좋아하는 사람은 부모에게 효순(孝順)하는 사람입니다. 부모가 떠난 뒤에 효도하려고 하면 이미 때는 늦었기 때문입니다.

내가 어머니 묘에서 시묘살이를 할 때 입었던 두루마기를 시묘살이 마치고 나서 검게 염색하여 납의로 삼았습니다. 나는 그 옷을 영원히 입으면서 어머니를 기념하려고 하였습니다. 나의 납의는 세탁한 적이 없지만 먼지나 흙이 묻지 않았고 냄새도 나지 않았으며, 여전히 향기가 배어 있었습니다. 그 납의가 너무나 낡고 헤어져 나에게 귀의하는 제자에게 천 한 조각을 가져오게 하여 납의를 꿰매 입었습니다. 납의는 꿰맨 곳이 셀 수 없이 많았습니다. 떨어지면 꿰매기를 거듭해서 세 겹이나 꿰매게 되었습니다.

그러나 내가 광동성의 남화사(南華寺: 육조 혜능 대사가 법을 펼친 곳으로서 소관(韶關)에 있음)를 떠날 때 그 옷을 가지고 오는 것을 잊었습니다. 나는 남화사로 다시 돌아갈 줄 알았는데, 결과적으로 돌아가지 못했습니다. 그 납의가 아직도 그곳에 있는지는 모릅니다.

어떤 사람의 스승이 되는 것은 쉽지 않은 일입니다. 나는 남보다 뛰어난 선생이나 덕이 없어 사람의 스승 될 자격이 없었으나, 사람들이 성심(誠心)으로 나에게 귀의하려고 했기 때문에 나는 발원(發願)을 하나 하였습니다. 나에게 귀의하는 제자가 나를 믿고 가르침을 따르며 받들어 행하면, 나는 반드시 그를 제도하여 성불하게 하겠다고 원(願)을 세운 것입니다. 만약 귀의한 제자가 성불하지 못한다면 나도 성불하지 않고 그를 기다리겠으며, 반드시 제자가 성불한 후에 나도 성불하겠다고 발원하였습니다.

나에게 귀의하는 사람을 만날 때마다 나는 이 원력을 분명하게 말했습니다. 이것은 나의 진심이고, 나는 제자를 이렇게 대할 것임을 말했지만, 제자들이 귀의한 후 나에게 어떻게 해야 하는가에 대해서는 따로 가르치지 않았습니다. 어쨌든 여러분이 가르침에 따라 행하면 반드시 성불의 기회가 있을 것입니다. 오늘 나는 내가 발한 원(願)의 내력에 대해 말한 것입니다.

〈후기〉 상인께서는 1990년대 이후 인연을 관찰하여 무릇 상인에게 귀의하려는 사람은 부처님께 절을 1만 배 해야 비로소 진정한 귀의제자가 된다고 규정하였습니다(편역자 주: 반드시 한 번에 1만 배를 해야 하는 것은 아니고, 일정한 기간 안에 1만 배를 하면 됩니다).

상인께서 친히 말씀하였습니다.

귀의한 후 집에서 해도 좋고, 불전에서 해도 좋으니, 석가모니 부처님께 절을 1만 배 올려야 정식으로 귀의한 제자가 됩니다. 왜 1만 배의 절을 해야 하겠습니까? 이것은 운동을 하는 것이며, 재난을 없애고 수명을 연장하는 것입니다. 여러분이 재난을 없애고 수명을 연장하고 뜻대로 길상(吉祥)하기를 원한다면, 이 운동(절)을 해야 하는 것입니다.

요즘 사람들은 아만심이 높아서 자기가 누구보다도 낫다고 생각합니다. 이러한 1만 배의 절은 여러분의 아만심을 꺾는 것입니다. 반드시 절을 1만 배 해야 하며, 만일 한 배라도 모자라면 나도 당신이 귀의한 제자라고 인정하지 않을 것입니다. 다시 여러분에게 한마디 하겠습니다. 여러분은 두려워하지 말아야 합니다.

나에게 귀의하는 제자 가운데는 많은 중생이 있는데, 귀신도 많고 신선들도 있습니다. 여러분이 이 말을 들은 후 규칙을 잘 따라야 합니다. 만약 규칙을 지키지 않으면, 여러분보다 앞서 귀의한 사형사제들이 여러분을 벌할 것입니다.

문) 사람마다 모두 인연이 있어 상인의 제자가 될 수 있습니까?

답) 당신의 마음이 참되면 인연이 있을 것입니다. 만약 참된 마음이 없으면 인연이 있어도 인연이 없는 것으로 변할 것입니다. 또한 만약 진심(眞心)이 있으면 인연이 없어도 인연이 있게 될 것입니다.

문) 어떠한 자격을 갖추어야 당신의 제자가 될 수 있습니까?

답) 반드시 자기를 바꾸어 변화시켜야 합니다.

오씨 집안의 채식 인연

도병겁(刀兵劫: 전쟁이 일어나 많은 사람을 살상하는 시기)은 모두 살생으로 인한 것입니다. 그런 까닭으로 불교에서는 살생을 금하며, 방생(放生)하고 계를 받는 것을 중요하게 여깁니다. 한 사람이 살생하지 않으면 이 세계에는 흉악한 기운이 조금 줄어들 것입니다. 열 사람이 살생하지 않으면 길상(吉祥)한 기운이 조금 더 생길 것입니다.

당신이 마음속에 살생의 마음을 간직하면 중생은 당신에게 좋은 감정을 가지지 않을 것이며, 당신이 중생을 아끼고 사랑하면 중생도 당신을 좋게 대할 것입니다. 그러므로 사람과 사람 사이나, 사람과 축생 사이에 모두 서로의 인과관계를 가지고 있습니다.

상인께서 친히 말씀하였습니다.

상인(常仁) 대사께서 출가하기 전에 부모님 묘에서 시묘살이를 하여 사람들은 그를 왕(王) 효자(孝子)라고 불렀습니다. 그분이 시묘살이를 원만히 마치자 주변의 48개 마을에서 연합하여 경축하는 자리를 마련하였으며, 다 같이 그 분을 위하여 절을 짓기로 결정하였습니다.

절을 다 짓기 전에 어떤 마을의 오(吳)씨 집에서 그분을 청하여 자기 집에서 폐관수행하시기를 청했습니다. 오씨 집은 식구가 80여 명으로 대가족이 함께 생활하였습니다. 6월 25일 하루 그 집에서는 돼지를 잡아 다음날의 마왕(馬王)의 탄신을 축하하려고 하였습니다. 그러나 생각지도 않게, 도살하려는 돼지가 도망을 가면서 상인 대사의 폐관방에까지 가서 왕 효자에게 무릎을 꿇고 눈물을 흘리면서 목숨을 살려달라고 하였습니다.

이때 왕 효자는 돼지에게 말하기를 "너는 전생에 돼지를 많이 죽였기 때문에 금생에 사람들이 너를 죽이려고 하는 것이다. 지금 너는 그런 과보를 받아야 하니, 빨리 가서 빚을 인정하고 받아들여라. 네가 기왕 나에게 와서 요구하니 네가 죽은 후에 나는 너를 천도하여 사람이 되게 하겠다. 그러니 빚을 갚지 않으려고 대항하지 말거라."라고 하였습니다.

그러자 돼지도 그 말을 알아듣고 스스로 달려가서 기꺼운 마음으로 죽음을 받아들였습니다. 그런 일이 있은 후 오씨 집안은 집안의 모든 가족이 채식을 하게 되었다.

한 사람이 고기를 먹지 않는 것은 쉽지만 백 명 가까운 집안사람들이 모두 고기를 먹지 않는 것은 정말 어려운 일입니다. 그들은 돼지가 왕 효자에게 무릎을 꿇고 통곡하는 것을 보았기 때문에 '아, 돼지도 인성(人性)을 가지고 있는데, 우리가 마땅히 돼지를 먹지 않아야 하지!' 라고 생각하면서, 어린아이도 다시는 고기를 먹지 않고, 어른들도 고기를 먹지 않았습니다.

그리하여 이 일이 모든 마을 사람들에게까지 영향을 주어서 모두 채식을 하고 만 명이나 되는 사람이 삼보에 귀의하였습니다. '돼지도 노 수행자에게 가서 무릎을 꿇었는데, 우리도 빨리 가서 그분께 절하고 스승으로 모시자.'라고 하면서 귀의한 것입니다.

오씨 집에서는 그 후 사람을 고용할 때 먼저 분명하게 약속하는 것이 있었습니다. "당신은 1년에 8,000원의 돈을 받을 수 있는데, 나는 지금 당신에게 9,000원을 주겠소. 하지만 당신은 이 집에서는 고기를 먹을 수 없습니다." 고용인은 더 많은 돈을 받을 수 있기 때문에 채식하는 것을 기꺼이 받아들였습니다.

내가 오씨 집에 여러 번 갔는데, 갈 때마다 이 이야기를 듣게 되었습니다. 오씨 집 모든 사람들이 이 일을 알고 있었습니다. 그들은 나에게 그 돼지가 어떻게 달려가고 어디에서 뛰어넘고, 또한 돼지가 꿇어앉은 모습을 이야기해 주었기 때문에 나는 그 일이 진실이라는 것을 알게 되었습니다. 나는 그때 나이가 그렇게 많지 않았기 때문에 오씨 집의 젊은 사람에게 물었습니다. "그 돼지는 무엇 때문에 꿇어앉았습니까?"

그들이 대답했습니다.

"우리는 모릅니다."

내가 물었습니다.

"당신이 지금 기르는 돼지는 꿇어앉을 수 있습니까?"

그가 다시 대답했습니다.

"우리는 지금 돼지를 기르지 않습니다."

어려서 수도하면 쉽게 성취한다

상인께서 일찍이 말씀하였습니다. "남자는 16세 이전에, 여자는 14세 이전에 선지식의 지도를 받으며 수행하면, 매우 쉽게 오안육통(五眼六通)을 얻을 수 있습니다." 상인께서 동북지역에 계실 때 여섯 명의 소년 제자를 지도하여 다섯 가지 신통을 얻게 하였고, 그 제자들은 상인을 따라 사람들을 제도하였습니다.

상인께서 친히 말씀하였습니다.

나에게 열네 살의 어린 남자제자가 있었습니다. 그 제자는 나를 매우 믿었으며, 신통을 배우기를 원하여 나의 시자가 되어 나를 100여 일 동안 따라 다녔습니다.

나는 그 제자에게 말하였습니다. "네가 신통을 배우기를 원하면 먼저 고통을 감수하는 것을 배워야 한다. 이러한 고통을 받을 수 있어야 비로소 신통을 얻을 수 있다. 네가 고통을 받을 수 없으면 신통을 얻을 수 없다."

나는 그에게 여러 가지 고통을 받게 하였습니다. 참을 수 없는 것을 참게 하고, 양보할 수 없는 것을 양보하게 하고, 먹을 수 없는 것을 먹게 하고, 받을 수 없는 괴로움을 받게 하면서 매일 그에게 괴로움을 받게 하였습니다.

한번은 우리가 어떤 거사의 집에 머물게 되었습니다. 우리가 어디를 가든 매일 잠자기 전에 먼저 두 시간 동안 좌선을 하게 하였습니다. 그날은 매우 힘들어 그 제자는 한 시간만 좌선하고는 누웠습니다. 나는 건너가서 그의 베개를 빼내어 바닥에 던졌습니다. 그는 내가 누워 자는 것을 허락하지 않음을 알고는 일어나 다시 좌선하였습니다. 내가 쉴 때 그도 비로소 쉬었습니다.

그러면서 5개월이 지나자 그 제자는 갑자기 무엇이든 모두 알게 되었습니다. 그는 천안통, 숙명통, 천이통 등 다섯 가지 신통을 얻었는데, 단지 누진통만 얻지 못하였습니다. 누가 무엇을 생각하면 그가 모두 알 정도로 대단하습니였다. 그는 왜 그렇게 빨리 신통이 얻게 되었겠습니까? 그것은 바로 그가 동자(童子)였기 때문에 수행이 매우 빨랐던 것입니다. 하지만 이것도 쉬운 것은 아닙니다.

내가 동북지방에 있을 때 이러한 동자를 6명 배출하였으나, 미국에 온 지금은 그들이 어떤지 모릅니다. 당시 그들은 나와 함께 곳곳을 다니면서 사람을 제도하며 나를 많이 도왔습니다. 만약 지금 이곳에 다시 그와 같은 제자 여섯 명이 있어서 나를 돕는다면, 사람들에게 믿게 할 필요도 없이 사람들은 저절로 믿게 될 것입니다.

내가 동북지역에 있을 때 어린 제자가 또 한 명 있었는데, 대략 14세였습니다. 비록 어린 제자였지만 그 신통은 작지 않아서 하늘에 올라가고 땅속으로 들어갈 수 있었습니다. 그는 누진통만 없을 뿐 다섯 가지 신통을 얻었습니다. 누진통을 얻으려면 아라한과를 증득해야 합니다.

어느 날 그는 천상에 놀러갔는데, 천마(天魔)가 그를 좋아하여 그를 마왕의 궁전으로 보내버렸습니다. 그 궁전은 영롱하고 투명하여 매우 아름다웠습니다.

그는 다섯 가지 신통을 가지고 있었기 때문에 자신의 법신(法身)이 그곳에서 빠져나오지 못하는 것을 알고 곧 나에게 알렸습니다.

"스님, 제가 천상에 왔는데 지금 돌아갈 수가 없습니다!"

"누가 너에게 그리로 가라고 하더냐?"

"저는 이곳이 놀기에 너무 좋아 한번 보려고 왔는데, 생각지도 않게 이곳 천상인이 저를 못 가게 합니다."

"네가 놀러가는 것은 좋은데, 그러나 그곳에서 놀면 안 된다. 그 육욕천(六欲天)의 천마는 수행인의 선정력을 전문적으로 파괴한다."

그러자 그가 매우 두려워하면서 말하였습니다.

"마왕이 저를 가두어 돌아가지 못하게 합니다. 어떻게 해야 좋습니까?"

이에 내가 말하였습니다.

"너는 두려워하지 마라. 내가 지금 너를 돌아오게 하겠다."

내가 곧 '능엄주'의 오대심주(五大心呪)[04]를 염송하자 마왕의 궁전은 즉시 분쇄되었으며, 비로소 그는 벗어나 돌아올 수 있었습니다. 이것은 진실한 사실입니다.

나는 매일 20여 명의 제자를 데리고 '대비주'를 염송하였는데, 매번 두 시간씩 꿇어앉아 염송하였습니다. 방안에는 원래 꽃이 전혀 없었는데, 대비주를 대략 200여 편 염송하자 방안에 향기가 가득 찼습니다. 인간 세상에는 지금까지 맡아보지 못한 향기였습니다. 제자가 한편으로는 대비주를 염송하면서 한편으로는 향기를 맡으며 "아! 정말로 향기롭구나! 정말로 향기로워!"라고 하였다. 이 말을 듣고 나는 물었습니다. "너희들 지금 무엇을 하느냐?"

"너무 향기롭습니다!"

"열심히 대비주를 염송하여라. 향기를 따라 도망가지 말고!"

그 후 20여 명의 제자들은 모두 감응을 얻고 지혜가 열렸으며, 마음의 도량[心量]도 확대되었고, 일체의 법을 이해하게 되었습니다. 이후에 나는 이 동자들을 데리고 나오려고 하였으나, 애석하게도 그들은 집을 떠날 수가 없었습니다. 나중에 그들은 모두 지혜와 일체의 묘용(妙用)을 잃어버리고 지금은 보통사람과 같아졌습니다.

04 능엄주에서 가장 중심이 되는 다섯 구의 다라니로서 "츠토니 아자라 미리주 보리다라에 닝제리"라고 송한다.

어린 동자 왕신의 죽음

양가점촌에 왕신(王紳)이라는 어린아이가 있었는데, 병이 매우 깊어서 아이의 부모가 상인께 병 치료를 청하였습니다. 그래서 상인께서 왕신의 인연을 관찰하였습니다.

상인께서 친히 말씀하였습니다.

나는 절의 방장스님과 함께 곳곳으로 다니면서 절 건립을 위하여 화연(化緣)을 구하고 있었습니다. 어떤 사람이 어느 집 문 입구에서 꿇어앉아 우리가 그 집에 들어가지 못하게 막았습니다. 우리는 그에게 물었습니다. "왜 꿇어앉아 있습니까?"

그는 자신의 아들이 지금 병이 깊어서 방장노스님께서 아들을 구해주시기를 원한다고 말했습니다. 그러자 방장스님은 고개를 돌려 나를 보시더니 방법을 생각해 보라고 하였습니다. 내가 말하였습니다.

"저에게 무슨 방법이 있겠습니까?"

방장스님이 말하였습니다. "대패마을의 그 어린아이도 죽을 지경이었는데 자네가 살리지 않았는가? 이 아이도 한번 봐주게!"

"왜 방장스님은 아이를 도와주지 않습니까?"

"나는 그런 능력이 없네."

나는 그 사람에게 말하였습니다. "왜 문 앞에 꿇어앉아 우리가 들어가지 못하게 합니까?"

"제가 듣기에 대패마을의 아이도 병이 깊어서 죽기 직전이었는데, 스님께서 살려내지 않았습니까, 저는 스님들께 반드시 어떤 방법이 있을 것이라 믿습니다!"

"그럼 당신 아들을 데리고 오세요, 내가 한번 보리다!"

그 아이의 이름은 왕신(王紳)인데 그때 열한 살이었습니다. 배가 아프고 머리가 아픈 병이 있었는데, 병이 너무 오래되어 치료하기가 힘들었습니다. 아이가 나를 바라보자 나는 아이에게 말하였습니다. "너는 빨리 출가하여 스님이 되어라. 그러면 너의 병이 없어질거야!"

아이의 생긴 모습이 스님과 같았기 때문에 나는 아이의 부모에게 말하였습니다. "만약 저 아이가 출가해서 스님이 되면 내가 아이의 병을 고칠 수 있습니다. 그러나 만약 출가하지 않으면 나도 방법이 없습니다."

아이의 부모가 말하였습니다. "할 수 있습니다, 할 수 있습니다. 아이의 병이 나으면 아이를 삼연사로 보내 출가시키겠습니다."

그래서 내가 말하였습니다. "그럼 좋습니다! 오늘부터 시작합시다. 아이의 병이 나았습니다. 이제 병이 없습니다!" 이렇게 말을 마치자 곧 왕신의 병이 나았습니다.

한 달이 지난 후 나는 아이의 집에 가서 말하였습니다. "아이야, 너는 절에 가서 출가해야지!"

아이의 부모가 말하였습니다. "조금만 기다려 주세요, 두 달 후에 아이의 병이 완전히 나으면 그때 출가하겠습니다!"

두 달 후 내가 다시 가서 아이를 출가시키려고 했지만, 아이의 부모는 여전히 기다려달라고 하였습니다.

내가 말하였습니다. "장차 아이의 병이 다시 발작하게 되면 그때는 고칠 방법이 없습니다."

아이의 아버지는 내 말이 그냥 위협하는 것이라 생각하고는 내 말을 믿지 않았습니다. 석 달이 되었을 무렵 나는 그 부근을 지나게 되었지만 아이의 집에는 가지 않았습니다.

왕신은 내가 마을을 지나가기 열 며칠 전에 병이 다시 발작하였습니다. 이번에는 내가 아이의 집에 가지 않았는데, 왕신은 집안에 있으면서 놀랍게도 내가 그 마을을 지나간다는 것을 알고는 자기 부모에게 말하였습니다. "안 됩니다. 저의 스승님은 오늘 이 마을을 지나가시지만 우리집에 오지 않으실 겁니다. 아빠, 이번에는 제 병을 고치기 어려울 겁니다."

아이의 아버지가 말하였습니다. "얘야, 괜찮아. 내일 내가 절에 가서 그 스님을 찾아 너를 출가시킬게." 이 날이 11월 23일이었습니다.

26일이 되자 왕신의 병은 더욱 깊어졌습니다. 아이의 아버지가 나를 찾아 절에 와서 아들을 출가시키지 않을 수 없었습니다. 그러나 그날은 내가 절에 없었기 때문에 하는 수 없이 그는 집으로 돌아갔습니다.

이상한 일은, 아이의 아버지가 앞에 가고 왕신의 영혼은 아버지를 따라 절에 가서 어느 방은 누가 머물고, 방장스님은 어디에 있는지를 모두 알았습니다. 아버지가 집으로 돌아오자 아이가 말하였습니다. "저는 방금 아버지를 따라 절에 갔다 왔습니다. …." 그러면서 자신이 본 이런저런 모습을 이야기했습니다.

그 이야기를 듣고 아버지가 말하였습니다. "어째서 나는 너를 보지 못했지?" "아버지는 저를 보지 못했지만, 저는 아버지가 보였고, 저는 뒤에서 따라 갔습니다."

다음날인 27일 아침 왕신은 집에서 가부좌를 하였습니다. 그때는 집에 전등이 켜 있지 않았는데, 아이가 아버지에게 말하였습니다. "아버지, 등을 켜서 제가 볼 수 있게 도와주세요. 제가 바르게 앉았는지 알고 싶어요." 아버지가 등을 켜고 보니 아이는 가부좌를 틀고 앉아 이미 죽어 있었습니다. 아이의 부모가 아무리 애통하게 울어도 아이가 다시 살아날 리 없었습니다. 때마침 내가 그날 그 마을에 다시 가게 되었는데, 아이의 부모가 나에게 울면서 아이를 살릴 방법이 없는지 물었습니다.

내가 말하였습니다. "이번에 아들을 살릴 방법은 내가 할 수 있는 것이 아니고, 당신이 할 수 있는 것이었습니다. 내가 말한 것을 당신이 따르지 못했으니, 나도 살릴 방법이 없습니다."

아이의 부모가 말하였습니다. "이럴 줄 알았으면 아이를 절에 보내 출가시키는 건데!"

왜 내가 왕신을 출가시키려고 하였겠습니까? 왕신의 생긴 모습이 스님의 모습이었는데, 귀가 크고 코도 크며, 상모가 원만하였고, 또한 전생에 스님이었기 때문입니다. 왕신은 세세생생 스님이 되기를 발원하였다고 말할 수 있습니다. 그래서 내가 한번 보고 그 부모에게 아들을 출가시키라고 한 것입니다.

왕신은 비록 죽었지만 지금까지도 항상 나를 따라 다닙니다. 그는 살아서는 출가하지 못했지만, 죽어서도 여전히 수행하고 있으며, 장래 다시 스님이 될 것입니다.

내가 이런 이야기를 하는 이유가 무엇이겠습니까? 왜냐하면 나이가 어려서 도를 닦으면 가장 쉽게 득도할 수 있기 때문입니다. 이 일은 내가 과거에 겪은 일인데, 아이의 부모가 출가를 막았기 때문에 아이가 죽은 것입니다.

상인(常仁) 대사의 덕행

상인(常仁) 대사께서는 청나라 말엽 길림성(吉林省) 쌍성현(雙城縣)에서 출생하였습니다. 학교에 다닌 적은 없지만 천성이 순박하고 후덕(厚德)하였습니다. 18세 때 양씨라는 사람이 시묘살이 하는 것을 보고 느끼는 바가 있어 매일 부모님에게 절을 올리는 것을 스스로 규칙으로 정했습니다.

10년 후 부모님께서 18일 간격으로 돌아가시자 초막을 짓고 시묘살이를 하였습니다. 시묘살이 하는 동안 말문을 닫고 생쌀가루만 먹으면서 생활하였습니다. 3년의 시묘를 다 마친 후 아무도 모르게 천산(千山)과 광산(廣山)으로 가서 도를 닦으려고 했습니다. 그런데 어떤 귀인(貴人)이 말하기를, "당신은 성심(誠心)으로 시묘살이를 하여 효(孝)가 하늘을 감동시키고 많은 무리를 덕(德)으로 교화하였습니다. 당신의 인연은 쌍성현에 있지, 천산이나 광산에 있지 않습니다."라고 하였습니다.

묘 옆 움막에서 6년을 지내고 나서 선정삼매의 성취가 두드러졌으며, 불가사의한 경계가 나타났습니다. 신통의 묘용으로 남몰래 많은 중생을 교화하고 수많은 사람을 제도하였습니다. 시묘살이를 원만히 마치는 날 주위의 48개 마을에서 연합하여 성대한 경축 의식을 베풀며, 아울러 삼보를 옹호하고 삼연사(三緣寺)를 지어 영원히 도량으로 삼고자 선언하였습니다.

그 후에 상인 대사는 민국 28년(서기 1939년) 북경 상방산(上房山) 청지(清池) 노스님의 법을 받았으며, 절로 돌아와 승좌(升座) 의식을 거행하였습니다. 3월 17일 대사의 탄신일에 수천 리 밖의 신도들이 직접 와서 축하하고 심지어는 벼슬이 높은 관리와 귀인들이 약 5,000여 명이나 왔고, 일본군 사령관도 와서 참례하고 절을 하였습니다.

승좌 경축 후에 총림(叢林) 건립을 결의하고 스님들의 방사를 증축하여 스님들을 받아들였고, 마침내 시방(十方)의 상주(常住: 절)가 되었습니다. 그러나 운영에 많은 돈이 필요하게 되었습니다. 당시 어떤 부유한 상인이 단독으로 사원 건립을 책임지기를 원하였으나 대사께서 완곡히 거절하였습니다.

대사께서는 이렇게 말씀하였습니다. "시방의 도량은 마땅히 시방의 시주들이 다함께 보시를 하여 복을 심어야 합니다. 그러므로 나의 뜻은 점차로 많은 사람의 화주를 받아 여러 사람들의 힘을 모아 건립하여, 만백성들이 덕을 심는 근본이 되는 것입니다."

그래서 선화 상인을 청하여 집집마다 다니면서 시주를 받게 하였으며, 가난한 집이나 부잣집이나 천한 사람이나 귀한 사람 할 것 없이 누구나 참가할 수 있게 하여 평등한 대자비로 널리 많은 중생을 제도하였습니다.

일본이 무조건적으로 항복한 후에도 중국의 액운은 아직 끝나지 않았으며, 동북지방은 다시 러시아의 침략을 받아 많은 약탈을 당했는데, 짓지 않은 악이 없었습니다. 선화 상인은 시국이 불안함을 살펴보고 절 짓는 공사를 중지하고 기연(機緣)을 기다릴 것을 제의하였으나, 상인 대사께서는 그렇지 않다고 생각하고 여전히 온 힘을 기울여 공사를 계속하여 중생의 좋은 복전을 짓고자 하였습니다.

삼연사가 완공된 후 1946년(선화 상인 29세 때) 대사께서는 운수행각에 나섰다가 북경 염화사(拈花寺)에서 원적하셨는데 그때 세수 72세이며, 승랍은 22세였습니다.

과좌(果佐) 행자의 신통

내가 하얼빈 남쪽 30리 평방점에 있는 삼연사(三緣寺)에 있을 때, 어느 날 선정 중에서 다음 날 어린아이가 출가하러 올 것을 알았습니다. 그래서 다음 날 새벽에 제자 과능(果能)에게 말하였습니다. "오늘 어떤 어린아이가 출가하러 올 것이다. 아이가 도착하면 나에게 알려다오."

정오 무렵 과능이 와서 산동 사투리로 말하기를 "스님! 스님께서 말씀하신 그 아이가 정말로 왔습니다."라고 하였습니다. 내가 그 아이를 보니 대략 열두세 살 정도로서 오관이 단정하고 신체가 강건하여 비구상(比丘相)이었습니다. 그 아이는 나를 보고는 마치 오랫동안 이별했던 가족이라도 만난 듯 감정을 억누르지 못하고 울기 시작하였습니다. 내가 그에게 물었습니다.

"너는 무엇 때문에 출가하려고 하느냐?"

그러자 아이가 대답하였습니다.

"저는 병을 앓고 있는데(아이는 5세 때 다른 사람의 병을 치료해주었지만, 자신의 병은 치료할 수 없었다고 한다) 의사가 검사를 해도 병의 원인을 찾지 못하였고, 속수무책으로 치료할 약조차 없습니다. 걱정이 되신 부모님이 곳곳으로 치료할 의사를 찾아다녔지만, 여전히 아무 효과가 없었습니다. 그러다가 어느 날 저녁 제가 비슷한 꿈을 연달아 세 번 꾸었습니다. 꿈속에서 어떤 뚱뚱한 스님께서 저에게 말하기를 '너의 병은 하얼빈 삼연사로 가서 안자(安慈: 선화 상인) 법사에게 출가하여 도를 닦으면 약을 쓰지 않아도 나을 것이다. 그렇지 않으면 희망이 없을 것이다.'라고 하였습니다. 저는 그 꿈을 선명하게 기억하고 있습니다. 부모님의 허락을 받고 이곳에 왔으니, 안자 법사님께서 자비를 베풀어 저를 제자로 받아주십시오."

그 말에 나는 웃으면서 아이에게 물었습니다.

"너는 안자 법사를 아느냐?"

"모릅니다."

"너는 알지도 못하는 사람을 어떻게 찾을 수 있겠느냐? 우리 절에는 안자 법사가 없구나."

그러자 그 아이는 매우 자신있게 말하였습니다.

"그럴 리가 없습니다. 방금 절의 문을 들어왔을 때 제가 꿈속에서 본 뚱뚱한 스님이 저곳에 앉아 있는 것을 보았습니다. (아이는 손으로 미륵보살을 가리키면서) 저 분은 사람을 속이지 않을 것입니다. 저 분이 저를 이곳으로 오게 하였으니 절대로 잘못되지 않을 것입니다."

나는 아이에게 다시 물었습니다.

"네가 말한 것은 단지 꿈속의 일일 뿐이다. 무슨 근거로 사람을 믿게 하겠느냐? 혹시 입을 옷도 없고 먹을 밥도 없으며 머물 집이 없어서 출가하려는 것이 아니냐?"

그러자 아이는 단호하게 말했습니다. "아닙니다. 저는 뚱뚱한 스님의 지시로 안자 법사를 찾아왔습니다. 오직 그 법사님만 저의 병을 고칠 수 있습니다. 그래서 저는 한 달 넘게 1천 리 길을 걸어왔습니다(당시 만주를 점령하고 있던 일본이 무조건 항복하여 동북지역은 이미 열차가 다니지 않는 상태였습니다). 어떤 때는 여관도 없고 마을도 없어서 할 수 없이 황야에서 잠을 잤습니다. 어느 날 저녁 제가 풀밭에서 잠을 자는데 갑자기 늑대 무리가 나타나 저를 포위하였지만, 저는 두려워하지 않고 늑대들에게 말하기를, '빨리 물러나라! 그렇지 않으면 너희들을 가만두지 않겠다. 너희들에게 수류탄을 먹일 것이다.'라고 하자, 늑대 무리는 얌전하게 떠나갔습니다." 이렇게 아이는 그 동안 겪은 고충을 이야기하였습니다.

그 동안 겪은 일을 말한 후에 아이는 간절하게 바라는 눈빛으로 나를 바라보았습니다. 그래서 나는 만두를 입으로 몇 번 씹어 땅에 뱉고 말하였습니다. "너는 저것을 주워 먹어라. 다 먹은 후에 다시 말하자." 아이는 조금도 주저하지 않고, 더러움도 싫어하지 않으며 주워 먹었습니다. 시험에 합격한 것이었습니다. 아이가 성심성의로 출가하려는 것이 증명되었기 때문에 사미계를 주어 사미가 되게 하였습니다.

아이는 계를 받은 후 열심히 수행정진하고 용맹하게 학습하면서 조금도 게으르지 않고 방일하지 않았기 때문에 반년도 지나지 않아서 다섯 가지 신통을 증득하게 되었는데, 재주가 높아 신통이 광대하다고 말할 수 있었습니다. 이건 절대로 과장되게 말한 것이 아니며, 정말로 명확한 사실이었습니다. 그 당시의 사람들은 모두 그 어린 사미가 신통을 가졌다는 것을 알았습니다.

그러나 애석하게도 그 후에 아이가 교만하고 아만의 마음이 생겨 자기가 대단하다고 여기게 되자, 아이의 신통은 곧 온데간데없이 사라지고 말았으며, 드러내려고 해도 드러낼 수가 없었습니다.

우리 수행자들은 주의해야 합니다. 신통이 있든지 없든지 절대로 교만한 마음, 집착하는 마음을 내어서는 안 될 것이며, 더욱 자기를 선전하면서 스스로를 팔고 광고해서는 안 됩니다. 자기의 본분을 지키면서 착실하게 정진하고 열심히 수행해야 비로소 참된 공부를 얻을 수 있습니다. 절대로 지엽적인 공부를 해서는 안 됩니다. 어떤 소리를 들어도, 무슨 경계를 보아도 대단하다고 여겨서는 안 됩니다. 그러면 참된 도(道)와는 십만 팔천 리나 멀어진다는 것을 알아야 할 것입니다.

여우 선인[狐仙]의 귀의

선화 상인의 어머님이 병이 나서 배음강(背蔭河) 유역에 있는 여우 선인[狐仙]을 찾아가 약을 구하였습니다. 그러나 삼일 밤낮을 꿇어앉아 약을 구했지만 구하지 못하였습니다. 나중에 상인이 출가한 후 그 여우 선인과 그 아래의 830여 마리나 되는 흰여우들이 찾아와서 상인에게 귀의하려고 하였습니다. 이때에 그들은 예전에 상인께서 모친을 위하여 약을 구할 때 약을 드리지 못한 원인을 설명하였습니다. 다음은 상인께서 말씀하신 내용입니다.

이 이야기를 하려니 내가 동북지방에 있을 때의 일이 생각납니다. 그때는 내가 아주 젊었을 때입니다. 800여 마리의 여우 선인들은 비록 도신(跳神: 무당과 같이 큰칼을 들고 춤을 추고 뛰면서 귀신을 쫓는 사람)과 비슷하였지만, 그들은 춤추지도 않고 뛰지도 않으며, 마치 사람처럼 사람의 병을 치료해주고, 혹은 맥을 짚고 약방문을 처방해 줍니다. 사람의 병을 치료해주지만 돈을 요구하지 않으며, 봉사를 하는 것처럼 오로지 좋은 일을 많이 하려고 하였습니다.

그 지방의 시골사람들은 그들에게 향을 피우고 절을 하며, 여러 가지 먹을 것을 주지만 그들은 받지 않았습니다. 일반적으로 여우는 닭을 원하는데, 닭 한 마리를 공양하면 매우 기뻐합니다. 하지만 이 여우 선인의 무리는 모두 채식을 하기 때문에 닭이나 오리를 바라지 않았습니다. 그래서 그 지방 사람들은 그들이 병을 살펴주는 것을 매우 신뢰합니다. 나중에 그들이 사람들과 대화하면서 이런 이야기를 했습니다.

"나는 당신들과 단지 3년 동안만 만날 수 있습니다."

사람들이 물었습니다. "어째서 그렇습니까?"

"3년 후에 우리들은 스승을 따라 수행하러 갈 것입니다."

사람들이 다시 물었습니다. "누가 당신의 스승입니까?"

여우 선인이 대답하였습니다. "때가 되면 알게 될 것입니다. 지금은 알려줄 수 없습니다."

그러고 나서 3년 후 내가 친척집에 갔었는데, 그 여우 선인이 내 친척의 몸에 붙어서 나에게 귀의하려고 하였습니다. 나는 당신은 누구냐고 물었습니다. 그가 말하기를, 자신은 바로 배음강(背蔭河) 지방에서 사람들에게 병을 치료하고 약을 베푼 여우 선인이라고 하였습니다. 그래서 나는 이전의 일(어머니의 약을 구한 일)에 대하여 책임을 추궁하였습니다. 내가 말하였습니다.

"예전에 당신이 치료약을 준다고 하길래 내가 가서 약을 구하였는데, 어째서 당신은 나에게 약을 주지 않았습니까?"

그 여우선인이 말하였습니다.

"그때 당신께서 꿇어앉아 약을 구하셨지만, 저에게는 오직 금빛 광명만이 보였을 뿐 다른 것은 아무것도 보이지 않았습니다. 그래서 당신에게 약을 줄 방법이 없었습니다."

그런 대화를 나눈 뒤 나는 그들을 제자로 삼았는데, 그날 그들 830여 마리의 여우가 동시에 귀의하였습니다. 귀의한 후 나는 그들을 동북지방 교하현(蛟河縣)에 있는 뢰법산(磊法山)으로 보내어 그 산에서 수행하게 하였습니다. 그 산에는 동굴이 많이 있었습니다. 그 이후로 그 지방에는 사람의 병을 치료하는 그런 여우 선인들을 다시는 보지 못하게 되었습니다. 그래서 그 지방 사람들은 내가 그 선생들을 모두 데리고 갔다고 하면서 나를 못마땅하게 생각하였습니다.

효자 정덕(鄭德)의 제도

정덕(鄭德)이라는 어린아이가 있었는데, 정말 착한 아이라서 내가 매우 좋아하였습니다. 정덕은 생긴 모습도 반듯하여 눈이나 눈썹 등 어느 한 곳 못생긴 곳이 없었고, 매우 복스러운 모습이었습니다. 아이는 길림성 오상현(五常縣)에 살았는데, 다섯 살 때 이미 부모에게 효순하는 도리를 알고 부모님에게 정성스럽게 행하였습니다.

부모님이 잠을 잘 때 아이가 항상 가서 보는 등 아침저녁으로 항상 부모님 방으로 가서 살폈습니다. 겨울에는 부모님 방에 가서 먼저 이불을 따뜻하게 하였고, 여름에는 먼저 방에 가서 모기를 쫓아내었습니다. 아침저녁으로 부모님의 안부를 묻고 공경스럽게 절을 하였습니다. 무엇을 먹든지 간에 반드시 부모님께 먼저 드린 후 자기가 먹었습니다. 여러분 보세요. 이 아이에게 그렇게 하라고 가르친 사람도 없고, 이제 겨우 다섯 살밖에 되지 않았는데도 이렇게 부모님을 공경할 줄 알았습니다.

내가 그 집에 가서 정덕을 보았는데, 그때 아이는 해바라기 씨앗을 까서 아버지에게 한 개, 어머니에게 한 개씩 드리고 있었습니다. 아이는 조금도 거짓이 없이, 억지로 하는 게 아니라 너무나 자연스럽게 부모님을 기쁘게 하고 있었습니다. 그 효순함에 대한 칭송이 널리 퍼져 사람마다 아이를 '정(鄭) 효자(孝子)'라고 불렀고, 많은 외도 논사들이 자주 찾아와 아이를 자신들의 제자로 만들려고 하였습니다. 그러나 아이는 그들을 믿지 않았습니다. 그들의 이상한 논리로는 아이를 설복시킬 수 없었습니다. 그 당시 오상현에 수도(修道)하던 친구가 나에게 그 아이가 어떠하다고 이야기를 해서 알게 되었습니다. 그 아이가 11세가 되었을 무렵 나도 한번 만나러 갔습니다.

정덕은 밖을 보고 내가 오는 것을 알고는 어머니에게 말하였습니다. "어머니, 제 스승님이 오셨습니다."

아이의 어머니는 그때까지 아이에게 스승이 있다는 것을 알지 못했기 때문에 물었습니다. "어느 분이 네 스승이란 말이니?"

아이가 대답하였습니다. "스승님은 이미 집안에 들어오셨습니다."

이어서 아이가 뛰어나와 나를 맞이하는 모양이 마치 이전부터 아는 사이인 것 같았습니다. 지금까지도 나는 그 아이를 잊지 못하고 있습니다. 나는 방에 앉은 뒤에 아이에게 물었습니다.

"얘야, 너는 다섯 살 때부터 부모에게 절하였다고 하던데, 누가 너에게 가르치더냐?"

정덕이 대답하였습다. "친척 중에 쌍성현에 사는 왕 씨가 있습니다. 그가 말하기를 쌍성현에는 열네 분의 효자가 있는데, 부모님에게 효도를 다하는 사람은 모두 아침저녁으로 부모님에게 절을 하며 예를 올린다고 하였습니다. 그 말을 듣고 저도 발심하여 효도의 도리를 힘써 배우려고 하였습니다."

나는 아이의 부모에게 물었습니다.

"당신은 무슨 착한 일을 하여 이런 효자를 얻었습니까?"

아이의 아버지가 말하였습니다.

"저는 태어나서 지금까지 크게 선행을 한 적이 없습니다. 아마도 조상께서 음덕을 쌓았기 때문이라 생각합니다. 조상님은 덕 있는 일을 한 적이 있었습니다. 그래서 이렇게 효순하고 현명한 자손을 얻었습니다. 지금 우리 부부는 나이가 많지만 아무런 걱정이 없습니다. 이렇게 좋은 아들이 있어서 집안이 날마다 즐겁고 아무 걱정이 없습니다. 이것도 부처님의 광명이 저희를 보우하신 덕분이라 생각합니다!"

이 말을 들은 후 나는 자리에서 일어나 신발을 신으려고 했는데, 정덕이 재빨리 내 신발을 가져다가 어머니의 방에 감추는 것이었습니다. 아이는 돌아와서 나에게 꿇어앉아 말하였습니다.

"오늘 스승님께서 처음으로 저희 집에 오셨는데, 저를 조금이라도 생각해주셔서 저희 집에서 식사를 하시기를 바랍니다. 저희 집에는 맛있는 공양은 없고 간단한 보통 음식뿐입니다."

이때 나는 신발이 없어 갈 수 없으니, 다른 말은 안하고 고개를 끄덕여 허락하였습니다. 식사를 마친 후 나는 정덕에게 신발을 가져오게 한 다음 물었습니다. "지금 너는 나에게 귀의하여 나를 스승이라고 부르는구나. 그런데 너는 스승이 너를 가르치기를 원하느냐 아니면 스승이 네가 가르치는 도리에 따르기를 원하느냐?"

아이가 말하였습니다. "저는 반드시 가르침에 따라 받들어 행하겠습니다."

내가 말하였습니다. "기왕 나의 가르침을 듣기를 원하니 한마디 하겠다. 너는 내가 머무르며 공양하기를 바라면서 그때 왜 내 신발을 가져갔느냐? 내가 공양을 허락하지 않을까봐 한 행동인 것은 알고 있다. 그러나 너는 좋은 뜻으로 했지만, 스승에게는 매우 불경(不敬)한 행동이다."

정덕은 내 말을 듣고 재빨리 꿇어앉아 머리를 조아리며 잘못을 인정하고는 이렇게 말하였습니다. "저는 이후로는 절대로 이런 행위를 하지 않을 것입니다. 스승님, 저를 용서해 주십시오!"

당시 정덕은 크게 부끄러워하면서 막 울려고 하였습니다. 후에 상인께서는 정덕에게 오로지 정토법문(淨土法門)을 수행하게 하고 한 수의 게송을 주었습니다.

염불을 끊어짐이 없도록 염할 것이며
입으로 미타염불이 타성일편을 이루면
잡념이 일어나지 않고 삼매를 이루며
반드시 정토에 왕생할 희망이 생기네.
종일 사바세계의 고통을 싫어하면

비로소 홍진에 대한 마음이 담박해지네.

극락왕생을 구하는 데는 의념이 중요하니

망상을 놓아버리면 정념으로 돌아갈 것이네.

念佛能念無間斷 口念彌陀打成片

雜念不起得三昧 往生淨土定有盼

終日厭煩娑婆苦 才將紅塵心念淡

求生極樂意念重 放下染念歸淨念

상인은 정덕에게 일심(一心)으로 '나무아미타불'을 염하여 극락에 왕생하여 삼계를 벗어나게 하신 것입니다. 상인께서는 젊은 제자들에게는 정좌(靜坐)를 항상 가르쳤는데 정덕에게는 도리어 정토법문을 닦게 하였습니다. 여기에 들어 있는 전후의 인과는 눈 밝은 사람이 아니면 알 수가 없는 것입니다.

과순(果舜) 행자의 소신공양

이러한 말이 있습니다. "큰 악인(惡人)이 마음을 돌리면 크게 선(善)하게 되고, 크게 선(善)한 자가 타락하면 큰 악인과 같게 된다." 과순(果舜) 행자가 처음에는 악했지만 후에 크게 선행을 한 좋은 예입니다. 그는 원래 술 마시고 아편을 흡입하며 여자를 좋아하였으나, 나쁜 행실로 인해 갖가지 어려움을 겪은 후 마침내 세상일의 무상함을 깨닫고, 악행을 뉘우쳐 선한 마음을 먹은 후 일심(一心)으로 출가하여 도를 구하여 생사를 해탈하였습니다. 다음의 이야기는 상인께서 직접 말씀하셨습니다.

불량배의 고난과 참회

과순은 생김새가 아난 존자처럼 잘 생겼는데, 나에게 두 번째로 출가한 제자입니다. 비록 배운 것은 없었지만 매우 총명하였습니다.

그가 아직 삼보에 귀의하기 전에는 아무 일도 안 하고 빈둥거리던 불량배였습니다. 아편을 흡입하고 마작을 하며, 술 마시고 여자를 좋아하는 무소불위의 가장 나쁜 사람이었습니다.

그 당시는 일본이 동북지역(만주)을 점령하고 있었는데, 일본은 소련의 침략에 대비하기 위하여 곳곳에서 사람들을 잡아 흑하(黑河) 일대에서 강제로 노역을 시켰습니다. 어느 날 그도 일본군에게 잡혀 강제 노역을 하게 되었습니다. 낮에는 소나 말같이 험하게 일을 하고 밤에는 풀을 이불 삼아 덮고 잠을 잤습니다. 그 안의 생활은 그야말로 지옥과 같아서 그 고통은 말로 다할 수 없었습니다. 당시 노역장 사방에는 강력한 전기철조망으로 둘러쳐져 도망갈 수도 없었으며, 도망가다가 총에 맞아 죽거나 개에 물려 죽는 사람이 많았습니다.

비록 전기철조망의 위협이 있었지만 과순도 언제나 도망갈 기회를 찾고 있었습니다. 어느 날 저녁 그는 꿈을 꾸게 되었는데, 수염이 하얀 노인 한 분이 꿈속에서 나타나 그에게 말하였습니다. "너는 조금 더 인내해야 해! 아직 때가 되지 않았어! 때가 되면 너에게 알려줄 테니, 그때 도망쳐도 늦지 않아." 그리하여 과순은 그 노인의 말을 믿고 인내하며 시기를 기다렸습니다.

약 보름 정도 지났을 무렵, 정말로 그 노인이 다시 꿈에 나타나 말하였습니다. "오늘 밤에 도망갈 수 있어! 바깥에 흰 개가 한 마리 있으니, 너는 그 개를 따라서 도망가거라." 그는 잠에서 깨어 한 동료에게 말하여 각자 마포자루를 가지고 밖으로 나갔습니다. 과연 그곳에는 흰 개가 기다리고 있었습니다. 과순은 노인의 말대로 개를 따라갔습니다.

흰 개는 전기철조망 곁으로 가더니 철조망을 뛰어넘었습니다. 과순도 마포자루를 전기철조망에 걸치고 뛰어넘었습니다. 그러나 함께 온 동료는 같은 방법을 사용했는데도 마포에 불이 붙어 도망치지 못하고 실패하였습니다. 그래서 과순 혼자만 탈출에 성공하였고, 그가 탈출한 뒤 흰 개는 더 이상 보이지 않았습니다. 그는 산속에서 먹지도 못하고 7일 밤낮을 달려 하얼빈에 도착하였습니다.

과순의 출가

그는 일본군의 강제노역장에서 그런 고된 경험을 하면서 인생의 고통을 절감하고 출가하여 수도하려고 하였습니다. 삼연사로 와서 출가하려고 하였으나 방장스님께서 그의 모습을 보고 먹고 살기 힘들어서 출가하려는 것으로 생각하여 받아주지 않았습니다.

민국 33년(서기 1944년) 겨울 나는 고덕복의 어미님의 병을 치료하러 대남구둔으로 갔습니다. 내가 '대비주(大悲呪)'로 가피를 주자 어머님은 약을 쓰지 않고 완쾌되었습니다. 다음 날 그 일대에 고씨 어머니의 병이 나은 기적이 널리 알려지게 되었습니다. 과순도 이 일을 듣고 나를 찾아왔습니다.

그가 나를 처음 만났을 때 많은 등롱과(燈籠果: 동북지방의 과일)를 나에게 공양하였습니다. 그는 출가하려고 내 앞에 꿇어앉아 말하기를 "만약 스님께서 저를 받아주지 않는다면 일어나지 않겠습니다."라고 하였습니다. 나는 그의 이런 말을 듣고도 벽을 보고 앉아 좌선하면서 그를 상관하지 않았습니다.

그 당시 나는 제자를 받고 싶지 않았습니다. 제자를 받으면 매우 귀찮아지기 때문입니다. 나는 방장스님이 그를 제자로 받지 않으려던 일은 몰랐습니다. 두 시간 후에 내가 뒤돌아보니 그는 여전히 땅에 꿇어앉아 있었습니다. 나는 그에게 물었습니다.

"네가 이곳에 꿇어앉아 있는 것을 잊고 있었구나. 너는 지금 무엇을 하려고 하느냐?"

"스님께서 자비를 베풀어주십시오. 저는 출가(出家)하고 싶습니다."

"어떤 집에서 나오겠다는 것이냐? 너는 집이 있느냐?"

"저- 저- 저는 집이 없습니다."

"너는 집이 없는데, 도대체 어떤 집을 나오겠다는 것이냐? 네가 출가하겠다고 하지만, 출가가 그렇게 쉬운 것이 아니다! 집에서 도를 닦는 것도 쉽지 않은데, 출가하여 도를 닦는 것은 더욱 어렵다. 소위 생사의 큰일[生死大事]을 아직 밝히지 못하면, 마치 부모님이 돌아가신 것과 같으며, 생사의 큰일을 이미 밝혔으면 더욱 부모님이 돌아가신 것과 같다고 하네.

출가는 고통스런 일이며, 남들이 참을 수 없는 일을 참아야 하고, 남들이 양보하지 못하는 일을 양보해야 하며, 남들이 받지 못하는 고통을 받아야 하고, 남들이 입지 못하는 옷을 입어야 하네. 자기를 굽히고 남을 받들며, 자기의 사사로움은 버리고 남들을 위해 봉사해야 하는 것이 출가인의 본분이다. 네가 이렇게 할 수 있어야 비로소 출가할 수 있다."

"이런 일들을 저는 모두 할 수 있습니다."

"네가 어떻게 할 수 있다는 것이냐?"

"저는 일본군의 강제노역장에서 일을 하면서 그런 괴로움을 많이 받았습니다. 출가하여 수도하는 것이 그보다 절반도 괴롭지 않을 것입니다. 어떤 괴로움도 참을 수 있습니다."

"그럼 좋다. 너를 받아들여 출가하도록 하겠다. 너는 이전의 것은 모두 놓아버려라. 마치 새로운 사람으로 다시 살아가는 것처럼 하면 될 것이다."

그 당시에 나는 그를 위하여 게송을 한 수 지었습니다.

생각생각에 생사의 고통을 잊지 말고,
마음으로 윤회의 굴레에서 벗어날 것을 생각하게.
허공이 분쇄되어야 불성을 깨달으며,
본체가 송두리째 탈락되면 본원을 보네.
念念莫忘生死苦 心心想脫輪回圈
虛空粉碎明佛性 通體脫落見本源

그리고 이어서 이렇게 법문을 하였습니다.

"현재는 말법시대로서 출가자는 많으나 실제로 행하는 자는 적으며, 불교를 믿는 자는 많으나 도를 이루는 자는 적다. 네가 기왕 진심으로 출가하였으니, 반드시 보리심을 발하고 광대한 원을 세워야 할 것이다. 세차게 부는 바람 가운데 꺼지지 않는 촛불이 되고, 뜨거운 불 속의 정금(精金)이 될 것이며, 다른 날 도(道)를 원만히 이루면, 불교를 크게 빛나게 하여 출가의 첫 뜻을 저버리지 말거라!"

그런 다음 그를 데리고 삼연사로 돌아와 출가시켜 사미가 되게 하였고, 법명을 과순(果舜)이라고 하였습니다.

과순의 두타행

삼연사에 돌아와서야 과순이 이미 왔다간 것을 알게 되었습니다. 대중들은 그가 너무 가난하다며 모두 그를 받아들이지 않았습니다. 대중들은 나에게 그의 나쁜 점을 말하면서 "스님은 어떻게 저런 사람을 제자로 받아들였습니까? 그는 먹을 밥이 없어서 출가하려는 것입니다!"라고 하였습니다.

나는 대답하였습니다. "아무리 나쁜 사람이라도 좋은 것을 배울 수 있지요. 그를 지켜보세요. 행동이 어떻게 변하는지 보고 다시 이야기하지요!"

삼연사에서 과순은 밥을 하고 공양을 만들었습니다. 그러나 사람들은 매일 그에게 욕을 했습니다. 그는 하는 일마다 매우 조심했고, 열심히 수행했습니다. 그러나 사형사제들은 그와 인연이 없어서 그런지 수시로 그를 괴롭혔습니다.

그는 나를 따라 출가한 지 여러 해가 되었지만 옷은 한 벌뿐이었고 솜으로 된 옷이나 솜으로 된 신발도 신은 적이 없었습니다. 그는 금전에 관한 계율을 지키고, 하루 한 끼만 먹었으며, 항상 좌선하고 눕지 않으며 두타행을 행하였습니다. 나의 모든 제자 가운데 두타행으로는 그가 제일이었습니다.

과순은 열심히 수행정진하여 그 마음을 전일하게 하여 선정을 닦았습니다. 대략 반년이 지나자 지혜가 약간 열렸습니다. 매번 정에 들었고, 자주 하루 밤낮이 지나서 정에서 나왔습니다. 정에 들었을 때 그는 과거, 현재, 미래의 모든 인과를 알 수 있었습니다.

나중에 그는 나에게 울면서 하소연하기를, 절에서는 자기를 괴롭혀서 살 수 없으니, 움막을 지어 홀로 수행하게 해달라고 하였습니다. 그래서 그 후 용왕묘 옆에 작은 움막을 지어 그곳에서 수행정진하게 하였습니다.

민국 34년(서기 1945년) 7월 15일 우란분절 법회에서 나는 제자를 데리고 불전에서 향을 사르면서 발원하였습니다. "만약 내가 100세까지 살게 되면 온몸을 불살라 부처님께 공양하여 무상의 도를 구하리다!"

당시 모든 제자들도 발원하였으며, 과순도 발원하였습니다.

"제자 과순이 만약 상당한 기연을 만나면 약왕보살(藥王菩薩)을 본받아 부처님께 온몸을 불살라 공양 올리겠으며, 100세가 될 때까지 기다리지 않겠습니다."

내가 관찰해보니 그는 숙세에 그런 원(願)을 지었음을 알고 그의 소신공양 발원을 허락하였습니다.

과순은 계율을 지킬 뿐 아니라 대승의 불법을 수행하였습니다. 그는 수행하는 데 있어서 나보다도 더 성실하였으며, 나보다도 더 정진하였습니다. 그래서 내가 가장 좋아하는 제자였습니다.

과순의 소신공양

그 후 과순은 장춘 반야사에서 구족계를 받은 후 다시 용왕묘 옆의 움막으로 돌아와 수행하였습니다. 같은 마을의 유(劉) 거사와 양(楊) 거사는 그를 따라 아침저녁으로 예불을 드리고 '대비주(大悲呪)'를 염송하였습니다. 나중에 유 거사는 출가하여 스님이 되었으며, 양 거사는 징용되어 팔로군에 참가하였는데 소식이 두절되었습니다.

민국 37년(서기 1948년) 7월 어느 날 과순과 고(高) 거사가 움막에서 '대비주'를 염송하고 있는데, 갑자기 어떤 사람이 문을 두드리는 소리를 듣고 문을 열어보니, 양 거사가 서 있었습니다. 그는 한마디도 하지 않고 집 뒤로 가버리는 것이었습니다.

과순은 대비주를 다 염송하고 나서 집 뒤에 가 그를 찾아보니, 뜻밖에도 여우 한 마리가 꼬리를 끼고 도망가는 게 아니겠습니까. 아마도 양 거사는 전쟁터에서 죽었는데 그 머리를 먹은 여우가 양 거사의 모습으로 나타나서 과순을 유인한 것이었습니다.

과순은 대비주를 지송하여 이미 위덕(威德)을 갖추어 선정력이 안정되어 있었기 때문에 여우도 그의 마음을 어지럽힐 방법이 없어서 원래의 모습을 드러내고는 물러난 것이었습니다.

과순은 세 가지를 두려워하지 않았습니다. 즉 추워 얼어 죽는 것을 겁내지 않고, 굶어 죽는 것을 겁내지 않고, 가난으로 고생하다가 죽는 것을 겁내지 않았습니다. 마지막으로 그는 불에 타 죽는 것을 두려워하지 않아서, 불로 자신을 태웠습니다. 그는 원래 나를 따라 운수행각에 나섰는데, 심양까지 따라왔다가 다시 되돌아갔습니다.

후에 공산당의 핍박을 받아 스스로 불에 타 죽었습니다. 민국 38년(서기 1949년) 4월 18일 그는 나무 백 근과 콩기름 세 근 반을 준비한 뒤 그 위에 단정히 앉아 그 몸을 불에 태웠습니다. 그는 스스로 몸을 불태우면서 정치적인 스님들과는 같지 않음을 당시의 정부에 보여준 것입니다. 그는 이 홍진세상이 너무나 괴로운 것을 보고, 중생을 대신하여 괴로운 과보를 받기를 원하였으며, 부처님 앞에서 중생을 위하여 회향하면서 자신의 몸을 불살라 부처님께 공양하였습니다.

그 다음 날 마을 사람이 움막에 큰 불이 일어난 것을 보고 달려가 보니, 과순의 몸은 이미 재로 변하였으나, 여전히 단정히 앉아 있었으며, 오직 심장만 불에 타지 않았습니다.

과순은 진정한 선정력이 있었으며, 이미 도업을 성취했음을 충분히 증명한 것입니다. 그의 일거일동과 언행은 그 전과는 완전히 달랐습니다. 나중에 만불성성에 그의 영구 위패를 세웠는데, 애석하게도 과순의 사진은 구하지 못했습니다.

살아 있는 나한

당시 상해, 항주, 소주 일대에 이름을 떨쳤던 무진(無盡) 법사라는 분이 있었는데, 사람들은 그를 '살아 있는 나한[活羅漢]'이라고 불렀습니다. 그러나 상인은 그를 한번 보고는 단도직입적으로 곧 죽을 것이라고 말하였습니다.

상인께서 친히 말씀하였습니다.

민국 36년(서기 1947년) 중국에 '살아 있는 나한'이라 불리는 이가 있었는데, 법명이 무진(無盡)이라고 하였습니다. 이 나한은 어떤 재주가 있었겠습니까? 그는 '대비주'를 염하여 사람들의 병을 치료해 줄 수 있었습니다. 무슨 병이든지 그가 치료하면 좋아졌으며, 그는 보타산에서 크게 신통을 드러내었습니다.

당시 보타산에는 500여 명의 스님이 있었습니다. 그 해에는 참배객들이 보타산에 많이 가지 않아서 스님들에게 여비가 부족해서 하산하기 어려웠습니다. 무진 법사는 그곳에서 사람들의 병을 치료해 주고 있었기 때문에 일반인들은 그를 특별히 믿었습니다. 그래서 그는 배 두 척을 화주받아 500여 명의 스님들을 상해로 수송하였으며, 이 일로 그의 명성은 더욱 높아졌습니다.

상해, 항주, 소주 일대에서 '살아 있는 나한'을 모르는 사람이 없을 정도였습니다. 출가자든 재가자든 모두 그를 믿었습니다. 한 번은 내가 소주(蘇州) 영암산사(靈岩山寺) 염불당에서 그를 만나게 되었습니다. 그의 모습은 좋았으며, 헤어진 옷을 입고 있는 모습이 나한과 비슷하였습니다. 그러나 내가 보니 곧 죽을 것 같았습니다. 내가 그에게 물었습니다.

"당신이 바로 살아 있는 나한입니까?"

"그런 이름은 감당할 수 없습니다. 일반인들이 나를 그렇게 부릅니다."

"당신은 어떤 재주가 있어서 살아 있는 나한이라고 불립니까?"

"나는 사람들의 병을 치료해 줍니다."

"당신은 마땅히 자신의 병을 치료해야 하는 것 아닙니까? 당신은 자신의 병을 치료하였습니까?"

"나에게 무슨 병이 있습니까?"

"당신은 명예를 구하는 병이 있고, 장래 이익을 구하는 병도 있습니다. 당신은 사람들의 병을 치료해주지만 장차 당신의 병을 치료해줄 사람은 없을 것입니다. 내가 사실대로 당신에게 알려주는 것이니, 다시 사람의 병을 치료해 주면서 신통을 드러내면, 반드시 타락하게 되거나 죄를 짓게 되거나, 혹은 스님이 되지 못할 수도 있습니다."

그 스님은 내 말을 듣더니 내 앞에 꿇어앉는 것이었습니다. 내가 다시 말하였습니다.

"당신은 무엇을 하는 것입니까?"

"만약 내가 타락하면 당신이 나를 제도해 주시기 바랍니다."

그는 어떻게 하면 타락하지 않는지는 묻지도 않고, 그가 타락할 때 구해달라고 나에게 요구하는 것이었습니다. 나는 당시 별 생각없이 그렇게 하겠다고 말하였습니다.

"좋습니다. 당신이 타락하면 내가 당신을 제도하겠습니다."

그 후 내가 홍콩에 도착한 다음 그 살아 있는 나한을 다시 만나게 되었는데, 과연 그때는 살아 있는 나한이 아니고 범부로 변하였으며 스님도 아니었습니다. 나는 여전히 그를 알아보고 말하였습니다.

"당신 지금 어떻게 된 일입니까? 살아 있는 나한께서 어디에서 무슨 일을 겪어서 이런 모습으로 변했습니까?"

"모두 당신 때문입니다! 당신이 내가 타락할 것이라고 말하였기 때문에 내가 타락했습니다. 만약 당신이 타락한다고 말하지 않았으면, 내가 어찌 이렇게 되었겠습니까? 당신의 한 말이 너무나 영험이 있습니다."

"당신이 타락하면 내가 제도해 주겠다고 허락하였습니다. 당신은 지금 다시 출가하겠습니까?"

"출가요? 나는 돈이 없습니다."

"돈이 없으면 내가 줄 테니, 출가하세요."

나는 다시 그를 제도하여 출가시켰습니다. 어떤 사람이 그를 활불(活佛)처럼 여겨 매우 공경하면서 매일 아침저녁 예불 때 그에게 절을 하였습니다. 나는 그 사람에게 말하였습니다.

"당신은 조심하세요. 당신이 저 스님을 이렇게 공경하면 그는 다시 타락할 것입니다."

과연 그 '살아 있는 나한'은 후에 다시 절을 나가버렸습니다. 내가 본 많은 수행자들과 '살아 있는 나한' 스님도 오후불식(午後不食)하고, 저녁에 눕지 않았지만[不倒單], 다 같이 타락하는 것을 보니 수행은 참으로 쉽지 않은 것입니다.

걷지 못하는 사람을 걷게 하다

민국 37년(서기 1948년) 정월 상인께서 해제하고 상해로 가서 다시 배를 타고 호북성(湖北省)으로 갔으며, 한구(漢口: 지금의 무한)에서 광동성(廣東省)으로 가서 허운(虛雲) 노스님을 친견하려고 준비하였습니다. 배 위에서 반신불수 환자를 만나 상인께서 '대비주'로 가피를 주니, 앉은뱅이가 즉시 일어나 건강하게 걸어 나가 배를 탄 모든 사람들을 놀라게 하였습니다.

상인께서 친히 말씀하였습니다.

내가 이전에 상해 용화사(龍華寺)에 방부를 들이고 나서 (스님들이 많아 방에는 들어가지 못하고) 복도에 머물면서 저녁에는 지하에서 볏짚을 깔고 지냈는데, 그곳에서 얼마나 지냈는지 모릅니다. 그 절에서는 내가 대비주의 사십이수안(四十二手眼)과 능엄주(楞嚴呪)를 할 줄 아는 사실을 아무도 몰랐습니다.

대략 민국 37년 봄 즈음 나는 상해에서 배를 타고 한구(漢口)로 가서 그곳에서 배를 타고 광동으로 가서 허운 노스님을 친견하려고 하였습니다. 당시에는 배가 뒤집히는 사건이 수시로 발생하였기 때문에 불교를 믿는 일부 선주(船主)들은 스님들이 배를 타면 돈을 받지 않고 아울러 음식을 공양하였습니다. 나는 상해에서 한구로 갈 때 돈이 없었기 때문에 돈을 받지 않는 배를 타고 갔습니다.

배 위에서 하반신이 마비된 사람을 만났는데, 내가 기억하기로는 황고뢰(黃顧磊)라는 사람입니다. 그 사람은 지팡이를 짚고 가는데, 서서 가는 게 아니라 웅크리고 앉아서 가니, 한걸음씩 움직이는 것이 매우 힘이 들고 고생스러웠습니다.

내가 그에게 물었습니다. "당신은 어쩌다가 그렇게 되었습니까? 왜 서지 못합니까?" 그는 말하기를 정부가 석탄을 관리하면서 개인은 매매를 금지하였는데, 그가 몰래 석탄을 팔다가 잡혀서 감옥에 갇히게 되었으며, 감옥이 매우 습하여 다리가 마비되었다고 하였습니다.

내가 그의 병을 보니 습한 곳에 있었기 때문이 아니라 업장(業障)의 귀신이 그를 따라다니면서 이렇게 만든 것이었습니다. 나는 그 사람이 매우 가련하여 그 병을 치료해 주고 싶었습니다. 그러나 바로 치료해줄 수는 없었습니다. 왜냐하면 만약 내가 그를 치료해 주면 배 위의 많은 사람들이 나를 찾아올 것이기 때문이었다.

그날 오후 2시 무렵 배는 한구에 도착할 예정이었습니다. 오전 8시 쯤 내가 갑판에서 좌선을 하고 있는데, 그 환자가 내 옆을 지나가는 것이었습니다. 그래서 내가 그에게 물었습니다.

"이보시오! 당신 그 다리를 고치고 싶지 않소? 똑바로 서고 싶지 않소?"

"스님, 저야 당연히 서고 싶죠!"

"만약 당신이 서서 걷고 싶으면 지금 그 지팡이를 강물에 던져버리세요."

"제가 어떻게 지팡이를 강물에 던져버릴 수 있습니까? 저는 이 지팡이에 의지해야 걸을 수 있습니다. 이것이 없으면 움직일 수 없어요."

"그 지팡이를 버리면 내가 당신이 일어나게 하겠소. 당신은 어째서 나무로 된 이 막대기 하나 아까워 버리지 못합니까?"

"스님, 정말입니까?"

"나는 당신을 속이지 않습니다. 내가 당신을 속여 무엇 하겠습니까?"

내가 이렇게 말하자 그는 그 지팡이를 강물에 던져버렸습니다.

그래서 나는 '대비주'를 염송하며 그의 다리에 가피를 주면서 그의 무릎을 손으로 만졌습니다. 대략 반 시간 정도 대비주를 7번 염하고 나서 내가 말하였습니다.

"자, 이제 일어나세요!"

그가 시험 삼아 서보았는데 정말로 일어설 수 있는 게 아니겠습니까!

내가 다시 말하였습니다. "걸어보세요." 그는 다시 걸을 수 있었고, 내가 "뛰어보세요!"라고 하자 그는 내 옆에서 뛰어보였습니다. 그는 마치 최면에 걸린 사람처럼 내가 시키는 대로 하였습니다. 그가 이전에 다리를 움직일 수 없었던 것은 마귀가 그를 괴롭힌 것이었습니다.

왜 내가 그에게 지팡이를 강에 던지게 하였는가 하면 그가 나를 믿는지 알아보기 위해서였습니다. 나에 대한 의심이 없어야 비로소 상응할 수 있는 것입니다. 왜냐하면 그 업장의 귀신은 그가 반드시 지팡이에 의지해야만 길을 갈 수 있다고 믿게 하였는데, 생각지도 않게 그 지팡이를 양자강에 던져버리니, 이 업장의 귀신도 지팡이를 따라 양자강으로 달려간 것이었습니다. 그런 까닭으로 그는 설 수 있고 걸을 수 있고 달릴 수 있었던 것입니다.

배에 타고 있던 모든 사람들은 그가 분명히 걸을 수 없었는데 지금은 걸을 수 있으니 모두 이상하게 생각하고 그에게 물었습니다. "당신은 어떻게 좋아졌습니까?" 당시에 나는 그에게 남들에게 나에 대해 말하지 말도록 하는 것을 잊어버렸습니다.

그는 나를 가리키면서 말하였습니다. "바로 저 스님께서 손으로 나를 한번 만지자 좋아졌습니다!" 이렇게 말하자 배 위에 있던 7, 80명의 사람들이 나를 둘러싸고 말하였습니다.

"수행자님! 저는 머리가 아픈데 어떻게 하죠?"

"저는 이가 아픈데 어떻게 하죠?"

"저는 팔이 아픈데 어떻게 하죠?"

"저는 허리가 아픈데 어떻게 하죠?"

이 사람 저 사람 모든 사람들이 자기 아픈 것을 하소연하였습니다. 조금 전까지 배 위의 사람들은 모두 병이 없었는데, 앉은뱅이가 병이 낫자 배 위의 모든 사람에게 병이 있게 되었습니다.

이 많은 사람들을 어떻게 할까 하고 생각하다가 나는 말하였습니다. "당신들은 모두 남을 때린 빚을 졌기 때문에 모두 맞아야 합니다."

두통이 있는 사람을 한 번 때리면서 "아픕니까, 안 아픕니까?" 하고 물으니, 그는 머리를 흔들어 보더니 "아프지 않습니다."라고 대답했습니다.

팔이 아픈 사람을 한 대 때리면서 "아픕니까, 안 아픕니까? 움직여보세요."라고 물으니, 그가 말하였습니다. "어! 이상도 하지. 아프지가 않네."

"거짓말 하는 게 아닙니까?"

"아닙니다."

효과는 바로 즉시 나타났습니다. 이렇게 하자 사람들은 내가 무슨 불보살이나 살아 있는 귀신이나 되는 줄로 생각하였습니다.

이때 배 위에 있던 사람들의 병이 모두 좋아지니 돈도 들어오고 귀찮음도 들어왔습니다. 나는 본래 돈이 한 푼도 없었는데, 갑자기 돈을 벌게 되었습니다. 이 사람이 1만 원, 저 사람이 2만 원, 가장 많게는 11만 원을 나에게 주었습니다. 나는 배를 타려면 표를 사야 하는데, 그 당시에 한구에서 광동까지 뱃삯이 20만 원이었기 때문에 주는 돈을 다 받았습니다. 다 모아 보니 대략 7, 80만원이나 되었습니다.

처음에 내가 병을 치료할 때 절대로 반연의 마음이 없었고, 그의 병을 치료하여 차비를 마련할 생각은 조금도 없었습니다. 이 사람들이 나에게 공양할 마음을 낸 것은 사람들이 볼 수 없는 곳에서 일종의 감응(가피)이 있었다고 말할 수 있습니다.

왜냐하면 천상의 호법인 위타(韋馱)보살께서는 내가 돈이 없는 것을 알고 있었기 때문에 이 사람들을 고무시켜 조금씩 돈을 공양하게 한 것입니다. 그는 나를 대신하여 화주의 인연을 모은 것입니다. 한 사람의 표뿐만 아니라 두 사람의 배표를 마련할 수 있었습니다.

독사의 마를 제압하다

같은 해 광동성 남화사(南華寺) 봄철 전계(傳戒) 기간에 상인의 큰 제자인 과능(果能)은 남화사에 온 지 얼마 되지 않아서 백자독사(百子毒蛇)가 몸에 붙어 소란을 일으켰습니다.

상인께서 친히 말씀하였습니다.

그 후 나는 과능을 데리고 남화사로 갔는데, 그는 남화사에서 마(魔)에 미혹되었습니다. 마가 그의 몸에 붙었기 때문입니다. 마는 그가 가지고 있던 '흰 불수[白拂手]'를 두려워하지 않았습니다(흰 불수는 꼭 필요할 때 사용하라고 이전에 상인께서 준 것인데, 그는 이것을 가지고 함부로 사람의 병을 치료하여 상인의 꾸지람을 들었으며, 이후 마의 장난이 있을 것을 알았다. 과능은 상인의 첫 번째 출가제자였다).

이 마는 백자독사(百子毒蛇)라고 불렸는데, 이 마가 새끼를 낳으면 매번 백 마리를 낳았습니다. 그 독사는 남화사에서 자주 수작을 부렸으며, 매년 전계기간에 소란을 피웠습니다. 계를 받은 사미와 사미니들 가운데 정신이상이 생기곤 하였는데, 허운 노스님께서도 어떻게 할 방법이 없었습니다.

이런 정신병에 걸린 사람은 자기는 이미 성불했으며, 무슨 부처라고 말하면서 몸에는 옷을 입지도 않고 부끄러움도 모르고 도처로 뛰어다니며 함부로 말을 지껄이면서 계단(戒壇)을 어지럽혔습니다. 허운 노스님께서 남화사에서 그렇게 많은 해 동안 전계를 하셨는데, 매년 그런 일이 발생한 것입니다.

내가 남화사에 있을 때 백자독사는 나의 큰 제자를 잡아서 그 몸을 이용하여 나와 대결하려고 생각하였습니다. 과능은 곧 발광하였으며, 열 몇 명이 그를 잡아도 그의 힘을 감당할 수가 없었습니다. 그의 몸에서는 악취가 풍겼으며, 그 냄새를 맡는 사람은 구토를 하였습니다.

그는 하루 종일 말하였습니다. "내 스승의 법은 모두 가짜이며, 사십이수안(四十二手眼)도 모두 가짜다." 이 마는 제자에게 이런 허튼 소리를 하게 하여 정법을 파괴하려는 것이었습니다.

그때 내가 어떠한 법으로 다스리려고 해도 이 마는 두려워하지 않고 과능의 몸에 붙어 말하였습니다. "당신의 어떤 것도 모두 가짜다." 삿된 귀신과 악귀는 삿된 기운에 의지하여 이렇게 말하면 내가 그들을 겁낼 줄 알지만, 나는 그들을 두려워하지 않았습니다. 만약 마음에 선정력이 없었다면, 그가 나를 가짜라고 말할 때 내 마음속에서 의

혹이 일어났을 것이고 그러면 그때는 끝나는 것이었습니다.

당시 나는 남화사에서 당주(堂主)와 반장[班首]을 맡으면서 객실에 가서 어떤 고승이나 기이한 스님이 오시지는 않았나 하고 매일 살펴보았습니다. 마침 이때 80여 세의 명상(明相)이라는 스님께서 방부를 들이기 위하여 오셨습니다. 나는 그 노수행자를 한번 보고 인연이 있다고 느꼈습니다.

명상 스님도 좌선을 하시는 분인데, 8세에 출가하여 묵묵히 고행을 하시면서 '반주삼매(般舟三昧) 수행'을 여덟 번이나 하셨다고 합니다. 반주삼매 수행은 96일 간 앉지도 않고 잠자지도 않고, 서서 걸으면서 아미타불 염불을 하거나 다라니를 지송하는 수행으로 한 번 성공하기도 쉽지 않았습니다. 어쨌든 96일 간 쉬지 않고 정진하는 수행이며, '불립삼매(佛立三昧)'라고도 부릅니다. 그분은 공부가 매우 깊어 한 번 정에 들어가서 다른 일을 할 수 있었습니다.

당시 이 노수행자는 무엇을 잘못 먹었는지 매일 화장실에 가고 바지를 더럽혀서 매우 불결하였습니다. 나는 그분을 위하여 며칠이나 바지를 깨끗이 세탁하였는데 차츰 그분의 병도 좋아졌습니다.

내 제자가 정신이상이 되자, 나는 그 노스님에게 함께 제자의 병을 고칠 방법을 생각해 보자고 청하였습니다. 그리하여 그분의 선정력과 나의 선정력으로 보름 만에 비로소 그 독사를 항복시켰습니다. 그러나 제자 과능은 그 후 어디로 갔는지 알 수 없었습니다.

하지만 백자독사는 재주가 매우 뛰어나서 500년 후에 다시 나타날 것입니다. 그때도 그 마를 제압할 사람이 있을 것입니다. 어떤 사람이 말하기를 "당신은 왜 한 번에 그를 소멸시키지 않았습니까?"라고 하였습니다. 그러나 그 마를 죽이는 것은 너무나 자비롭지 못한 일이었기 때문에 나는 단지 그 마를 제도하려고 했습니다.

돌 사람[石人]이 법을 구하다

오늘은 진실한 이야기를 하나 하려고 합니다. 약 10년 전에 흑인도 백인도 아닌 사람이 왔는데, 의복은 남루하고 매우 더러웠으며, 키는 5척 이상이고 마른 장작같이 말랐으며 얼굴에 아무 표정이 없었습니다. 어느 날 금산사(金山寺)의 대문 바깥에 와서 담장을 기대고 앉아 있었습니다. 그때 하늘에서 비가 내렸으나 그는 여전히 움직이지 않았습니다. 어떤 사람이 그를 안으로 들어오게 하였으나 그는 들은 체도 하지 않았습니다. 마치 선정에 들어간 것처럼 음식도 먹지 않고 물도 마시지 않았으며, 어떤 사람과도 말하지 않았습니다.

대략 3일이 지났을 무렵 내가 문밖으로 나가 그를 보았는데, 그는 비록 다른 사람과는 말하지 않았지만, 나와는 말을 하였습니다. 내가 그의 성(姓)을 묻자 그는 '석(石)' 씨라고 말하였고, 이름을 묻자 그는 '사람[人]'이라고 대답하였습니다. 그리고 내가 어디서 왔느냐고 묻자,

그는 산에서 왔다고 하였습니다.

또 무엇을 하려고 왔느냐고 물으니, 그는 "법을 구하러 왔습니다."라고 하였습니다. 내가 말하기를 "이곳에는 구할 법이 없으니, 당신은 실망할 것이다."라고 하자, 그는 "저는 실망하지 않을 것입니다."라고 하였습니다.

이러한 문답 후에 그는 곧 나를 따라 절 안으로 들어왔습니다. 그리하여 그는 대중을 따라 좌선하고 잠을 자고 하였으나, 밥도 먹지 않고 물도 마시지 않고 대소변도 누지 않아서, 모두 이상한 사람으로 여겼습니다. 매일 좌선을 하는데, 말도 하지 않고 움직이지도 않았습니다. 얼굴 표정을 보니, 마치 마약하는 사람이나 히피 같았습니다. 그는 몸에 목탄(木炭) 하나를 감추고 있었는데, 그것으로 무엇을 하려는지 물어보자, 그는 따뜻하게 보온하려고 한다고 말하였습니다.

며칠을 머물면서 대중을 따라 행동을 하였습니다. 대중이 선방에서 좌선하면 그도 좌선하고, 대중이 잠자면 그도 잠을 잤습니다. 모두 그가 물건을 훔칠까 염려하여 그를 감시하게 하였습니다. 그는 방안에서 잠을 자고, 감시하는 사람은 문밖에서 문을 기대고 잠을 잤습니다. 만약 그가 문을 열면 감시하는 사람도 그의 동정을 알 수 있었습니다.

그런데 어느 날 이 돌 사람[石人]이 갑자기 보이지 않았습니다. 감시하는 사람도 도무지 그 까닭을 알 수 없었으며, 무슨 방법으로 나갔는지 알지 못하였습니다. 오늘 왜 이런 일을 이야기하겠습니까? 왜냐하면 돌 사람도 오히려 금산사에 와서 법을 구하는데, 하물며 만물의 영장인 우리가 열심히 법을 배우지 않는다면, 얼마나 가련한 일입니까!

불필요한 일에 관여하지 않다

나는 젊었을 때 전문적으로 사람들의 병을 고쳐주었습니다. 사람들이 병을 앓고 있으면 나는 반드시 고쳐서 그를 고통에서 벗어나게 도왔습니다. 그러나 그 대신 천마외도(天魔外道)와 소 귀신, 뱀 귀신을 화나게 하였습니다. 그들은 모두 신통력이 커서 기회를 엿보다가 당신이 틈을 보이기만 하면 공격하려고 합니다. 틈을 보인다는 것은 바로 '나는 정[飛精]'이 사람에게 붙는 것을 말합니다. 혹은 그들이 구멍을 뚫고 들어가 당신의 영혼을 쫓아내고 당신 몸에 붙어 횡설수설하게 합니다. 그 당시 나는 많은 요마귀괴(妖魔鬼怪)를 화나게 하였는데, 내가 어떤 어린 제자를 한 명 받아들였기 때문입니다. 그 아이가 나에게 출가한 데는 어떤 인연이 있었습니다.

어느 날 내가 좌선을 하고 있을 때 어린아이가 출가하러 올 것을 알았습니다. 이 아이는 통통한 것이 보기 좋았습니다. 그 다음 날 아침 나는 큰 제자에게 알렸습니다. "얘야, 너는 주의하거라. 오늘 출가하려고 어린아이가 올 것이다."

오후 한 시쯤 큰 제자가 숨을 헐떡거리면서 산동 사투리로 나에게 말하였습니다. "스님, 오늘 아침 출가하려는 어린아이가 올 거라고 하셨죠? 지금 진짜로 왔습니다."

"정말로 왔구나, 어디에 있느냐?"

"앞쪽 주방에 있습니다."

내가 가서 보니, 그 아이는 떨어진 옷을 입었는데, 목이 굽었으며 눈을 부릅뜨고 있었습니다. 나중에 아이가 출가한 뒤 매일 부채를 들고 있는 모습이 마치 제공(濟公: 송나라 때 스님으로 깨달은 후 신통이 자재하였음)과 같았습니다.

그 아이는 이미 다섯 살 때 사람의 병을 치료할 줄 알았습니다. 그를 도와 병을 치료한 게 무엇인가 하면 바로 여우의 정령(精靈)과 뱀의 정령이었습니다. 왜냐하면 그 아이는 전생에 무당이었는데, 이 소귀신과 뱀 귀신들이 아이가 다섯 살이 되자 찾아와 병을 치료하는 재주를 갖게 한 것입니다. 어떤 병은 잘 치료하였지만 어떤 병은 치료하지 못했습니다. 그 지역의 사람들은 아이를 '작은 마장[小魔障]'이라고 불렀습니다.

열두 살이 되었을 무렵 아이는 그만 병에 걸렸습니다. 배가 몹시 아픈 병이었는데, 이 병은 스스로 고치지 못하였습니다. 어느 날 아이가 꿈을 꾸었는데, 어떤 뚱뚱한 스님이 집으로 찾아와 말하기를 "만약 네가 병이 낫기를 원한다면 하얼빈 삼연사(三緣寺)에 가서 안자(安慈) 법사에게 절하고 스승으로 삼아 출가하여라. 그러면 네 병이 나을 것이다." 이러한 꿈을 세 번이나 연속해서 꾸고는 믿게 되었습니다.

그가 살던 곳은 삼연사에서 천 리나 떨어진 먼 곳이었는데, 당시는 일본군이 항복한 지 얼마 되지 않은 때라서 기차가 다니지 않아 혼자 하얼빈까지 걸어온 것입니다. 도중에 일본군이 버린 무기창고에서 수류탄 두 개를 주워서 길을 가면서 가지고 놀았습니다. 저녁에 바깥에서 잠을 자는데 열 몇 마리의 늑대무리가 와서 아이를 에워싸고 공격하려고 하였습니다. 아이는 조금도 두려워하지 않고 말했습니다. "친구들! 어서 오너라. 내 너희들에게 폭탄을 먹여 주지." 이렇게 말하자 늑대들은 폭탄을 먹고 싶지 않아 도망가 버렸습니다.

내가 아이의 그런 모습을 보고 물었습니다.

"너는 무엇 하러 왔느냐?"

"저는 출가하러 왔습니다."

"무엇 때문에?"

"바로 삼연사 문밖에 앉아계신 저 뚱뚱한 스님께서 제 꿈에 나타나 이곳에 가서 안자 스님께 출가하면 제 병이 나을 거라고 하였습니다."

"너는 먹을 밥이 없고, 입을 옷이 없으며, 머물 집이 없어서 출가하려는 게 아니냐?"

"아닙니다. 바로 저 뚱뚱한 스님께서 저에게 세 번이나 나타나서 지시하였기 때문에 비로소 온 것입니다."

그때 나는 손에 만두를 들고 있었는데, 그 만두를 한 입 베어 씹어서 땅에 뱉고는 말하기를 "출가하려면 먼저 이것을 집어 먹어라!"라고 하였습니다.

아이는 고개를 돌려 나를 보면서 땅에 엎드려 만두를 집어 먹었습니다. 나는 이 아이는 가르치면 되겠구나 생각하고 받아들였는데, 과연 아이의 병은 출가한 후 좋아졌습니다. 반년이 지나자 아이는 정말로 오신통(五神通)이 열려 무엇이든 볼 수 있었습니다. 천안통, 천이통, 타심통, 숙명통, 신족통이 모두 있었습니다. 나는 아이를 데리고 각지로 가서 사람들의 병을 치료해 주었습니다. 병을 치료할 때 사람들은 아이에게 나를 헐뜯으며 말하였습니다. "너는 지금 이렇게 큰 재주가 있지만 너의 스승은 신통이 있는지 모르겠다. 모두들 그의 수행은 알지만 그도 너와 같은 신통이 있는지는 모른다."

그 아이는 눈을 껌뻑거리면서 공중을 향해 말하기를 "아마도 없을 것이다!"라고 하였습니다. 그러자 이상한 일이 벌어졌는데, 아이가 그 말을 하자 아이의 신통도 없어진 것입니다. 사실 신통이 없어진 것은 중요하지 않지만, 예전에 붙어 있던 소귀신, 뱀 귀신의 권속들이 다시 와서 아이에게 마의 기운이 들게 한 것입니다.

나는 그 모양을 보고 생각하였습니다. '어찌 이럴 수가 있는가! 저 아이가 이미 나에게 출가하였는데, 너희 귀신들이 다시 와서 귀찮게 하다니!' 그래서 나는 그 귀신들과 21일 동안이나 싸웠습니다. 그 기간 동안 나는 밥도 먹지 않고, 잠도 자지 않았습니다. 그 요마귀괴들은 마침내 항복하고 말았습니다.

귀신들이 항복한 후에 아무 일도 없으리라 생각하였습니다. 그런데 후에 내가 동정자(東井子: 사면이 산이고 마을에는 우물이 하나 있었다)에 갔을 때 일이 벌어졌습니다. 내가 머물던 방은 바깥에 단지 나무막대기만 걸쳤을 뿐 바람도 막지 못하고 물도 막지 못하고 아무것도 막지 못하였습니다. 그 날 나는 어린아이 네 명과 함께 그 방에 머물고 있었습니다. 그 집 가족들은 모두 나에게 귀의하였습니다. 왜냐하면 내가 동북지방에 있을 때 항상 절일을 하느라 각지로 분주하게 다녔기 때문입니다. 내가 그곳에 머물자 물속의 괴물이 물을 이용하여 나를 죽이려고 기회를 엿보고 있었습니다.

그 날 하늘에서는 비가 내려오고 우물 속에서는 물이 3장(丈) 높이로 솟구쳐 오르면서 위아래로 나를 협공하였습니다. 북방지방에는 잠자는 구들이 있는데, 물이 너무 급격하게 엄습하다 보니 도망갈 방법이 없었습니다. 사람들은 구들 위로 올라가 물을 피하려고 했지만 결국은 물에 잠겨 죽었습니다. 그 날 한 번의 엄습으로 30여 명이나 물에 빠져 죽었으며, 집이 무너진 것이 800여 칸이나 되었습니다. 그러나 내가 머문 그 집은 비록 비바람을 막지 못할 정도로 부실했지만, 바깥에는 10장(丈: 18尺) 높이로 물이 솟아올랐어도 단지 한두 척(尺) 정도밖에 잠기지 않았습니다.

여러분에게 조용히 말하고자 합니다. 당시 이렇게 큰 비를 보고 나를 따라 온 어린아이 넷은 모두 다섯 가지 신통이 열렸고, 우리들이 결계를 지으니 물이 들어오지 못하였습니다. 이러한 형상은 마치 예전에 금산사(金山寺: 중국 강소성 진강에 있는 절)가 물에 잠긴 것과 흡사하였습니다. 우리는 물에 한번 엄습을 당했으나 물에 빠져 죽지는 않았습니다.

두 번째의 물에 당한 경험은 내가 천진(天津)에서 배를 타고 상해(上海)로 가는 도중에 발생한 것입니다. 원래 상해까지는 4, 5일이면 도착할 수 있는 거리인데, 그때 그 배는 검은 바다에서 뱅뱅 돌면서 나아가지 못하고 10여 일 동안 머물러 있게 되었습니다. 당시 배에는 출가한 스님 14명이 타고 있었으며, 국수도 모두 다 먹어버려서 사람들은 거의 굶어죽게 되었습니다. 그때 나는 아무 주(呪)도 염하지도 않았는데, 누런 담즙까지 뱃속의 모든 것을 토해내고 나서 갑판에 누워 있었습니다. 그때 나는 생각하기를 '저는 세상에 태어나서 불교에 헌신하려고 합니다. 만약 불교가 저를 원하지 않으면, 저는 홀로 바다에 뛰어들 터이니, 다른 사람들까지 저 때문에 연루되지 않게 해 주십시오. 만약 제가 아직도 불교에 필요하다면, 관세음보살께서 신령스러움을 드러내어 배가 평안히 상해에 도착하게 해 주시기를 빕니다. 만약 5분 후에도 여전히 바람이 멎지 않는다면 바다로 뛰어들 것입니다.'라고 하였습니다.

이렇게 생각하자 바람도 가라앉고 비도 멎었습니다. 배는 마침내 평안하게 상해에 도착하였으며, 몇 십 명의 사람들도 물고기 밥이 되지 않았으며, 물귀신이 되지도 않았습니다. 이것은 내가 자초한 일이라, 홍콩에 갔을 때는 다시는 불필요한 일에 관여하지 않았습니다.

그럼에도 필요할 때는 가끔씩 관여하곤 하였습니다.

미국으로 온 후에는 싸우는 것은 사양한다는 패를 높이 걸고, 어떤 천마외도가 나에게 도전해 와도 나는 그들에게 머리를 숙이고 정례하며 참회하였습니다. 그들이 볼 때 지금 나는 재주가 조금도 없다는 것을 알 것입니다. 나는 언제나 그들이 내 목숨을 요구할 것에 대하여 준비하고 있습니다.

만불성성(萬佛聖城)은 설립한 지 이미 10년이 되었고 지금의 나는 자리에서도 물러났으니, 그들이 다시 나를 찾아와도 나는 아랑곳하지 않을 것입니다. 아무튼 이제 내가 해야 할 일은 아무것도 없습니다!

부록

선화 상인 약전

선화(宣化) 상인(上人)의 법명은 안자(安慈), 자는 도륜(度輪)이다. 허운(虛雲) 선사의 법맥을 이어 중국 위앙종(潙仰宗)의 제9대 법손(法孫)이 되었으며, 사호(賜號)는 선화(宣化)이다. 상인은 일생 동안 명예와 이익을 구하지 않고 다른 사람과 승부를 다투는 것은 더욱 원하지 않았다.

상인은 중국 길림성 쌍성현(雙城縣)에서 민국(民国) 7년 1918년 음력 3월 16일 태어나셨다. 부친의 성은 백(白)씨이고 모친은 호(胡)씨이며, 부친은 근검하고 성실한 사람으로 농사를 지었으며, 모친은 평생토록 채식하며 염불하였다. 4남 3녀를 낳은 후 어느 날 밤에 아미타 부처님께서 큰 광명을 놓고 천지를 비추는 꿈을 꾸고 아들을 낳았다.

상인은 어릴 때부터 어머니를 따라 채식하며 염불하였다. 11세가 되었을 때 우연히 황야에서 죽은 아기를 보고 생사(生死)의 무상함을 느끼고 출가수행의 뜻을 가지게 되었다. 상인은 부모에 대한 효가 지극하였는데 그 효성이 인근에 널리 알려져 사람들은 상인을 '백(白)효자(孝子)'라고 불렀다.

15세 때 상인은 부모님을 떠나 사방으로 선지식을 찾다가 마침내 하얼빈시 교외의 삼연사(三缘寺) 상지(常智) 노스님께 귀의하여 삼보의 제자가 되어 선정(禪定)을 닦았다. 선정 수행으로 득력을 한 상인은 책을 한 번 훑어보면 외울 수 있었다. 능엄주(楞嚴呪)는 6시간만에 다 외웠다고 한다.

16세에 발심하여 불경을 강의하고 불법을 널리 펴는 것을 자신의 임무로 삼고, 불법(佛法)을 배우고 싶어 하지만 한자를 모르는 사람들을 도왔다.

17세에 유가(儒家)의 사서오경(四書五經), 제자백가(諸子百家), 의학·천문·점술 등 일체의 세간법(世間法)에 통달하였다. 그러고 나서 쉬지 않고 정진하고 참선하며 경전을 연구하여 출세간법(出世間法)에 투철하였다.

18세에 모친께서 병이 들어 집으로 돌아와 노모를 극진히 보살폈다. 아울러 집에 봉사학교를 열어 집이 가난하여 학교에 가지 못하는 학생들을 가르쳤다. 또한 만국도덕회(萬國道德會) 등 자선단체에 가입하여 가난한 사람들을 도왔다.

19세 때 모친이 왕생하자 모든 인연을 놓아버리고, 사월초파일 불탄일(佛誕日)에 삼연사(三緣寺) 상지(常智) 노스님께 청하여 삭발 출가하였다. 사미계를 받은 후 모친의 묘 옆에 초막을 짓고 3년간 묘를 지켰으며, 하루 한 끼만 먹고 저녁에는 눕지 않고, 『화엄경(華嚴經)』에 절하며 정토참법(淨土懺法)으로 참회하였다.

선정 공부가 날로 순일해지고 자비의 마음이 날로 깊어졌다. 어느 날 좌선을 하는데 육조(六祖) 혜능(慧能) 대사가 초막으로 찾아와 말씀하시기를 "장래 너는 서방으로 가서 무수한 사람들을 만나 항하사 같은 많은 중생을 교화할 것이다. 이것은 서방세계에 불법(佛法)이 일어날 징조이다."라고 하였다. 말을 마치고는 홀연히 보이지 않았다. 그 후 백두산 지맥인 미타동(彌陀洞)에서 선정을 닦았다. 그런 다음 삼연사로 돌아와 사미의 신분으로 수좌(首座)가 되었다.

19세였던 그해 6월 19일 관세음보살 성도일(成道日)을 맞이하여 불전에서 18대원(大願)을 발하였으며, 원에 따라 독실하게 행하고 일체중생의 질병과 고난을 구제하고자 발원하였다. 중생의 무명, 번뇌 등 모든 업장을 자신의 몸이 떠맡고 짊어지고자 발원하였다. 그리고 수많은 용과 뱀, 여우, 귀신들을 감화시켜 삼보에 귀의하게 하고, 계를 받게 하여 악을 고치고 선을 닦게 하였다. 상인은 일생 단지 중생을 도울 뿐 자신을 위한 것은 하지 않았으며, 힘써 실천하여 열여덟 가지 큰 발원[十八大願]을 원만히 이루려고 노력하였다.

28세 때인 1946년 상인은 행각하면서 남쪽으로 내려와 선지식을 참방하였다. 1947년 보타산에서 구족계를 받았으며, 1948년 만 리 길을 걸어 광동성 남화사(南華寺)에 도착하여 당시 선종의 태두인 허운 노스님을 참례하였다. 허운 노스님과 만날 때 일찍이 마음으로 마음을 전한 담화가 있었다. 상인은 그에 따라 게를 지었다.

허운 노스님이 나를 보고 이와 같다고 하시니
나는 노스님을 뵙고 이와 같음을 증(證)하였네.
노스님과 내가 모두 이와 같으며
중생도 모두 이와 같기를 두루 원하네.
虛公見我云如是　我見雲公證如是
雲公與我皆如是　普願衆生亦如是

당시 109세였던 허운 노스님은 선화 상인이 용상의 법기임을 알고 율학원의 감학을 맡기는 한편 삼단대계의 증명아사리로 삼았다. 허운 노스님은 선화 상인을 "이와 같다! 이와 같다![如是 如是]"라고 인가하였다.

1949년 봄철수계를 원만히 마치고 허운 노스님과 작별한 후 홍콩으로 가서 널리 교화하면서 평등하게 불교의 다섯 종파(선종, 교종, 율종, 밀종, 정토종)를 선양하면서 문호파벌을 타파하였다. 아울러 고찰을 중건하고 불경을 인쇄하고 불상을 조성하였다. 서낙원사(西樂園寺), 불교강당(佛教講堂), 자흥선사(慈興禪寺) 등을 건립하였다. 홍콩에서 10여 년 머물면서 중생의 간절한 청에 응하여 널리 불법의 인연을 맺었다.

몇 부의 대승경전을 강의하고 염불정진[佛七], 참선정진[禪七], 참회정진[拜懺] 등의 법회를 거행하면서 종일 불법의 큰 법을 널리 펴는데 동분서주하였다. 그 기간 동안 태국과 미안마 등을 방문하며 남전불교(南傳佛教)를 시찰하여 대승불교와 소승불교의 회통에 뜻을 두었다.

1956년 4월 9일 허운 노스님께서 특별히 운거산(云居山)에서 내려와 위앙종 조사 법맥의 원류를 선화 상인에게 맡기고, 석가모니 부처님께서 전승하신 법의 제46대, 중국 위앙종 제9대의 사법인(賜法人)으로 임명하고 '선화(宣化)'라는 이름을 내렸다.

1962년 인연이 성숙하여 요청을 받아 미국으로 갔으며, 몇 년간을 반지하의 방에 거주하면서 인연을 기다렸다. 후에 샌프란시스코에 불교학당을 설립하여 정법을 서방세계에 계속 전하였다.

1968년 시애틀 워싱턴대학 학생의 요청을 받아 '능엄경 하계연수반'을 만들었다. 96일간의 연수 후 상인에게 감화 받은 많은 사람들이 귀의하여 수계를 받았으며, 그중 5명의 미국인이 발심 출가하여 미국불교사상 처음으로 스님이 되는 기록을 세웠다.

1974년 선화 상인은 미국 캘리포니아 주 유키아 시에 만불성성(萬佛聖城)을 건립하였다. 만불성성이란 이곳에서 만 분의 생불(生佛)을 기른다는 뜻이 담겨 있다. 원래 이곳은 캘리포니아 주정부가 공립요양원(70여 동의 건물)을 건립한 곳이었으나, 물이 부족하여 싸게 팔려고 하였다. 불가사의한 것은 상인께서 산 후 곧 수원(水源)을 찾은 것이다. 그 후 계속하여 미국 각지에 절을 세워 27개의 도량을 건립하였으며, 북미불교의 깊고 두터운 기초를 다지게 되었다.

상인은 일생 동안 계율을 엄정하게 지키고 부처님의 제도를 준수하였으며, 좌선참선과 염불예참, 경전연구, 엄정계율, 대중화합 등을 특히 강조하였다. 이러한 스승의 정신을 이어받아 만불성성에 출가한 제자는 "하루 한 끼만 먹고 가사를 몸에서 떼지 않는다[日中一食 袈裟不離身]"는 스승의 가르침을 이어받아 수행에 정진하면서 수행가풍을 지켜나갔다.

상인의 제자들은 상인 세운 6대 종지(宗旨), 즉 "다투지 않고[不爭], 탐하지 않고[不貪], 구하지 않으며[不求], 사사롭지 않고[不自私], 이기적이지 않으며[不自利], 거짓말을 하지 않는다[不打妄語]."를 수행의 지표로 삼고, 쉬지 않고 정진하여 정법이 세상에 상주하게 하고 있다.

또한 선화 상인은 역경(譯經)은 천추만세에 썩지 않는 성스러운 사업이라고 하면서 1973년 국제역경원을 설립하여 역경의 인재를 배양하였으며, 지금까지 100여 종의 영역본을 출판하였으며, 스페인어와 베트남어로 불경을 번역하여 출판하였다.

상인은 일찍이 "모든 공양 중 법공양이 제일이다."라고 하면서 평생을 홍법(弘法)에 노력하였으며, 수십 년을 하루같이 실천하였다. 또한 "나의 원력은 한 숨이라도 숨 쉴 힘만 있어도, 경을 강의하고 법을 설할 것이다."라고 하면서 미국을 비롯하여 영국, 폴란드, 프랑스 등 서방세계뿐만 아니라 대만, 홍콩, 인도, 싱가포르, 베트남, 말레이시아, 태국 등지를 다니면서 홍법하였으며, 귀의한 사람이 수만 명이나 되었다.

상인께서 서방에 법을 편 30여 년 동안, 서방의 윤리도덕이 무너지고 물욕이 횡류(橫流)하고, 인심이 들떠 있어 교육이 파괴되고 인문이 자취를 찾아보기 어렵고 세계의 위기가 날로 깊어지는 데 상심하였다. 그리하여 적극적으로 교육혁신을 제창하여 중국의 전통의 여덟 가지 덕[八德], 즉 효(孝), 제(悌), 충(忠), 신(信), 예(禮), 의(義), 염(廉), 치(恥)로 세계의 인심(人心)을 구제하려고 하였다.

상인께서 일찍이 말씀하시기를 "가장 철저하고 가장 근본적인 국방은 바로 교육이다. 교육이 잘 되지 않으면 어떤 국방도 소용이 없다."라고 하였다. 그래서 초등학교에서는 효도를 제창하고, 중·고등학교에서는 애국충정을 강조하고, 대학에서는 충효인의를 제창하였다. 전문기능 외에 고상한 인격을 배양하여 국가의 동량이 되며 사회에 이바지하고 중생을 이롭게 하고자 하였다.

상인께서는 일생 동안 위법망구(爲法忘軀)하고 힘든 괴로움도 사양하지 않고 부지런히 국내외로 다니면서 보살의 자비원력으로 중생을 구제하시다가 1995년 양력 6월 7일(음력 5월 10일) 오후 미국 로스엔젤레스에서 원적(圓寂)하였으며, 세수(世壽) 78세였다. 7월 28일 만불성성에서 거행한 다비식에서 4,000여 과(顆)의 사리가 나왔다. 하지만 상인께서는 어떤 사리탑이나 기념관도 만들지 못하게 하셔서 "나는 허공에서 와서 허공으로 돌아간다."는 스님의 말씀과 같이 사리를 포함한 모든 유골과 재는 허공에 뿌려졌다.

※ 독자들의 선화 상인에 대한 이해를 돕기 위하여 『선화노화상약전(宣化老和尙略傳)』(北京 靈光寺 발간)에서 발췌번역 수록하였다.

선화 상인의 십팔대원(十八大願)

1. 진허공, 변법계, 시방삼세 일체 보살(菩薩) 등이 만약 하나라도 성불하지 못하면, 나는 정각(正覺)을 취하지 않겠습니다.
2. 진허공, 변법계, 시방삼세 일체 연각(緣覺) 등이 만약 하나라도 성불하지 못하면, 나는 정각을 취하지 않겠습니다.
3. 진허공, 변법계, 시방삼세 일체 성문(聲聞) 등이 만약 하나라도 성불하지 못하면, 나는 정각을 취하지 않겠습니다.
4. 삼계의 모든 천인(天人) 등이 만약 하나라도 성불하지 못하면, 나는 정각을 취하지 않겠습니다.
5. 시방세계의 모든 인간 등이 만약 하나라도 성불하지 못하면, 나는 정각을 취하지 않겠습니다.
6. 하늘, 인간, 모든 아수라 등이 만약 하나라도 성불하지 못하면, 나는

정각을 취하지 않겠습니다.

7. 일체의 축생계 등이 만약 하나라도 성불하지 못하면, 나는 정각을 취하지 않겠습니다.

8. 일체의 아귀계 등이 만약 하나라도 성불하지 못하면, 나는 정각을 취하지 않겠습니다.

9. 일체의 지옥계 등이 만약 하나라도 성불하지 못하면, 나는 정각을 취하지 않겠습니다.

10. 무릇 삼계의 모든 하늘, 신선, 인간, 아수라, 날고 기는 동식물, 영계의 용과 축생, 귀신 등의 무리, 일찍이 나에게 귀의한 자들이 만약 하나라도 성불하지 못하면, 나는 정각을 취하지 않겠습니다.

11. 내가 마땅히 누릴 일체의 복락(福樂)을 모두 법계의 중생에게 회향하며 널리 베풀기를 원하옵니다.

12. 법계중생의 모든 고난을 나 한 사람이 대신 받기를 원하옵니다.

13. 무수한 영(靈)을 나누어 불법을 믿지 않는 일체의 중생의 마음에 들어가, 그들로 하여금 악을 고쳐 선으로 나아가게 하며, 허물을 뉘우쳐 자신을 새롭게 하고, 삼보(三寶)에 귀의하여 구경에는 부처가 되기를 원하옵니다.

14. 일체 중생이 나를 보거나 나의 이름을 들으면, 모두 보리심을 발

하고 속히 불도(佛道)를 이루기를 원하옵니다.

15. 부처님의 제도를 철저히 준수하고, 하루 한 끼 먹는 것을 실행하기를 원하옵니다.

16. 모든 유정들을 깨닫게 하고 모든 근기의 중생을 널리 섭수하기를 원하옵니다.

17. 이 생에서 오안육통(五眼六通)을 얻고 비행자재(飛行自在)하기를 원하옵니다.

18. 일체의 구하는 원이 반드시 이루어지기를 원하옵니다.

결론지어 이르기를

무변한 중생 모두 제도하기를 서원하며
다함 없는 번뇌 모두 끊기를 서원하며
무량한 법문 모두 배우기를 서원하며
위없는 불도 이루기를 서원합니다.
衆生無邊誓願度 煩惱無盡誓願斷
法門無量誓願學 佛道無上誓願成

법계불교총회

법계불교총회(法界佛教總會: 이하 '법총'으로 약칭함)는 불법(佛法)의 연구, 수행, 교화와 실천을 적극적으로 추진하기 위하여 선화 상인께서 창립한 국제적인 종교 및 교육조직이다. 법총은 모든 사부대중의 지혜와 자비의 역량을 응집하여 불법을 홍양(弘養)하고 경전을 번역하며, 도덕교육을 제창하고 유정중생을 이롭게 하는 것을 임무로 하며, 개인, 가정, 사회, 국가 나아가 세계로 하여금 모두 불법의 훈습을 받아 점점 지극한 진선미(眞善美)의 경지로 나아가게 하려는 것이다.

법총에 참가하는 각각의 사부대중들은 뜻을 세워 상인께서 제창하신 육대종지(六大宗旨)를 봉행해야 한다.

다투지 않고[不爭], 탐하지 않고[不貪], 구하지 않으며[不求], 사사롭지 않고[不自私], 이기적이지 않으며[不自利], 거짓말을 하지 않는다 [不打妄語].

출가한 승려는 부처님께서 제정하신 일중일식(日中一食)과 가사를 몸에서 떨어뜨리지 않게 하는[衣不離體] 규칙을 엄격히 준수하고, 아울러 계를 지키면서 염불하고[持戒念佛], 교학을 배우고 참선하며[習教參禪], 대중들이 화합하여 함께 거주하고[和合共住], 불교에 헌신해야[獻身佛教] 할 것이다.

법총은 1959년 설립한 이래로 샌프란시스코 북부에 세운 만불성성을 주축으로 하여 미국, 아시아, 호주, 대만, 베트남 등지에 20여 개의 도량을 세웠다. 각 지부의 도량은 상인께서 세우신 엄격한 가풍을 다함께 지켜나가야 한다.

얼어 죽어도 반연(攀緣)을 구하지 않으며, 굶어 죽어도 화연(化緣)을 구하지 않으며, 가난하여 죽어도 인연(因緣)을 구하지 않는다.

우리는 다음과 같은 3대 종지(宗旨)를 가슴에 품는다.

목숨을 바쳐 부처님의 일[佛事]을 하며, 운명을 개척하여 본분의 일[本事]을 하며, 운명을 바르게 하여 승려의 일[僧事]을 한다.

일에 임하여 이치를 밝히고[卽事明理], 이치를 밝혀 일에 임하면서[明理卽事] 조사(祖師)께서 전하신 이심전심(以心傳心)의 법맥을 널리 이어가게 한다.

법총의 교육기구로는 국제역경원, 법계종교연구원, 승가거사훈련반, 법계불교대학, 배덕(培德)중고등학교, 육량(育良)초등학교 등이 있다. 이곳에서는 홍법, 번역 및 교육의 걸출한 인재를 적극적으로 배양하는 일 외에 아울러 각 종교 간의 교류와 대화를 넓혀나가 종교 간의 단결과 협력을 촉진하여 세계평화의 중대한 대임을 공동으로 힘써 나간다.

법총 산하의 도량과 기구는 문호를 개방하여 나와 남, 국적, 종교를 구별하지 않으며, 무릇 각국의 종교인이 인의도덕(仁義道德)을 실천하고, 진리를 추구하며[追求眞理], 마음을 밝혀 성품을 보는 데[明心見性] 주력하기를 원하면, 모두 와서 수행하고 공동으로 연구하는 것을 환영한다.

편역자 후기

인간 세상의 일은 정말 무상한가 보다. 평온하던 생활이 먼 중동에서 날아온 불청객 메르스(중동호흡기증후군) 때문에 우리의 삶은 한 순간 불안에 떨게 되는 상황으로 변하고 만 것이다. 작년에는 수많은 어린 학생의 목숨을 앗아간 세월호 사고로 인하여 우리의 삶을 우울하게 하더니, 올해는 먼저 부처님의 탄생지 네팔의 지진으로 가슴을 아프게 하였으며, 최근에는 강력한 전염성을 가진 메르스가 온 나라를 얼어붙게 하는 등 우리의 생존에 예기치 않은 위기상황이 항상 닥치고 있다. 이런 재난은 마치 탐욕으로 얼룩진 우리 인간에게 하루빨리 인성(人性)을 회복하라는 경고와 같기도 하다. 석가모니 부처님께서는 2,500여 년 전에 이미 세상의 무상함을 깨달으시고 우리에게 생사를 벗어나는 길을 가르치셨다. 인간 세상에는 항상 길흉화복이 함께 하면서 우리에게 육도윤회의 괴로운 쓴맛을 맛보게 한다.

지난겨울 어느 선원에서 동안거를 지내면서 올해가 선화(宣化) 상인(上人)의 원적(圓寂) 20주년이 된다는 사실이 불현듯 생각나면서 선화 상인의 법문을 한국 불자들에게 소개해온 저로서는 의미 있는 작업을 해야겠다는 것을 느끼게 되었다. 동안거를 마치고 집으로 돌아와서 지난해 대만 타이페이에 있는 법계불교총회 소속 도량에 갔을 때 가져온 선화 상인의 『개시록(開示錄: 법문집)』 6권 가운데서 내용을 정선하여 한 권으로 만들어 소개하는 것이 좋겠다는 생각이 들었다. 물론 『개시록』 6권 전부를 다 번역하여 출간하면 좋겠지만, 한국의 출판 현실에서는 매우 어려운 일이다. 지금까지는 선화 상인이 해설한 능엄주, 『능엄경』, 참선, 염불 등 한 분야의 법문만을 모아 번역 소개하였는데, 이번에는 수행, 인과, 관음법문, 중생구제 등 종합적인 법문집을 만들게 되었다. 이렇게 하면 선화 상인에 대한 이해가 더욱 깊어질 것이며, 누구나 읽는 데 부담이 없을 것이라는 생각 때문이다.

중국에서 생활할 때 접한 선화 상인의 법문은 저의 불교에 대한 이해를 한 단계 업그레이드시켰으며, 관념적이고 이론적인 데 치중하던 관점을 실제적이고 현실적으로 생활상에서 실천을 중시하는 태도로 바뀌게 하는 계기가 되었다. 선화 상인의 법문은 철학적이거나 현학적이지 않으나, 현실 생활 속에서 실천하게 하는 힘이 있으며, 우리의 아픈 곳을 바로 지적하는 직설적인 법문이라고 할 수 있다. 선화 상인께서는 아는 것을 실천하지 않으면 아무런 소용이 없다는 것을 법문 곳곳에서 설하고 있다.

그리고 상인께서는 참선이나 염불 등 한 분야만을 중시하기보다는 계율, 교학, 참선, 염불, 다라니 독송 등 불교의 대표적인 수행방편을 모두 아우르면서 각자의 근기에 맞는 방편을 택하여 계(戒), 정(定), 혜(慧)를 균형 있게 닦도록 하여 탐(貪), 진(瞋), 치(癡)를 제거하는 것을 가장 중요하게 설하였다. 아무리 수행을 많이 해도 자신의 탐진치가 이전보다 줄어들지 않으면, 자기의 수행을 다시 한 번 점검해야 한다고 하였다. 자신의 탐진치가 줄어들지 않으면 깨달음을 얻는 것은 요원한 일이다.

상인께서는 말법의 현상이 점점 적나라하게 나타나고 있는 지금의 불교 현실을 걱정하여 어떻게 하면 말법(末法)을 정법(正法)으로 돌릴 것인가를 고심하신 것을 우리는 느낄 수 있을 것이다. 정법을 구현하는 것은 이 시대 우리의 책무이기도 하다. 그러한 사명을 다하기 위해서는 기본으로 돌아가 부처님 시대의 계율의 정신을 다시 회복하는 길밖에 없다. 아무리 최상승의 법문을 설하더라도 기본적인 계율조차도 실천하지 못한다면 그 법문은 공허한 메아리에 불과할 것이다. 상인께서는 하루 한 끼의 식사와 밤에 눕지 않는 장좌불와(長坐不臥)를 평생 몸소 실천하신 분으로서 제자들이 스스로 본받게 하였다.

상인의 일생은 불가사의한 일들이 많은데, 지면관계상 일일이 다 소개하지 못한 점이 아쉽다. 이 책에서 소개한 몇 가지의 중생구제 일화를 통하여 우리는 선화 상인의 자비심과 인욕심을 느낄 수 있을 것이다. 이 책의 출간으로 20년 전 원적하신 상인의 중생구제의 원력에 조금이라도 도움이 되었으면 하는 바람이며, 그분의 은혜에 보답하는 길은 가르침에 따라 착실하게 실천 수행하는 것이라 생각한다.

지금 우리의 생활에는 위기의 상황이 날로 심화되고 있다. 지진, 태풍, 홍수, 가뭄 등 자연재해와 자동차, 비행기, 선박 등 각종 사고, 새로운 전염병은 우리의 생존을 심각하게 위협하고 있다. 이러한 위기를 극복하는 길은 선화 상인의 가르침과 같이 우리 모두 지혜의 광명을 회복하는 길이다. 그리고 이 현상계는 인과의 법칙이 작용하고 있기 때문에 우리가 인과의 도리를 거스르지 않고 적극적으로 선을 실천하는 생활을 확산시켜 나가야 할 것이며, 그러면 머지않아 우리의 심신과 환경은 점점 정화될 것이라 믿는다. 우리는 모두 행복을 추구하면서도 인과의 도리를 역행하면, 어찌 행복을 얻을 수 있겠는가?

선화 상인의 작은 법문집을 출간하는 데 수고를 아끼지 않으신 불광출판사 관계자 여러분께 깊이 감사드리며, 이 법문집이 우리들에게 지혜의 등불을 밝혀 이 세상의 어두움을 없애는 데 조금이나마 도움이 되기를 바란다.

불기 2559년(서기 2015년) 여름

각산(覺山) 정원규(鄭源奎)

부처님 말씀 그대로 행하니

2015년 8월 10일 초판 1쇄 발행
2015년 12월 3일 초판 2쇄 발행

지은이 선화 상인 • 옮긴이 각산 정원규
펴낸이 박상근(至弘) • 주간 류지호 • 편집 김선경, 양동민, 이기선, 양민호
디자인 koodamm • 제작 김명환 • 홍보마케팅 허성국, 김대현, 박종욱, 한동우 • 관리 윤애경

펴낸 곳 불광출판사 03150 서울시 종로구 우정국로 45-13, 3층
대표전화 02) 420-3200 편집부 02) 420-3300 팩시밀리 02) 420-3400
출판등록 제1-183호(1979. 10. 10.)

ISBN 978-89-7479-271-8 03220

이 도서의 국립중앙도서관 출판예정도서목록(CIP)은
서지정보유통지원시스템 홈페이지(http://seoji.nl.go.kr)와
국가자료공동목록시스템(http://www.nl.go.kr/kolisnet)에서 이용하실 수 있습니다.
(CIP제어번호: CIP2015021017)

* 책값은 뒤표지에 있습니다.
* 잘못된 책은 구입하신 서점에서 바꾸어 드립니다.
* 독자의 의견을 기다립니다. www.bulkwang.co.kr